写童书的人

Authors of Children's Books

新京报书评周刊 ◎ 主编

北京联合出版公司
Beijing United Publishing Co.,Ltd.

写《彼得兔的故事》的毕翠克丝·波特
　　事情糟糕透顶的时候，正是开始好转的时候 // 1

写《长袜子皮皮》的林格伦
　　用战斗的姿态争取孩子表达的权利 // 19

写《去年的树》《小狐狸阿权》的新美南吉
　　"我写出来的故事，值得一个孩子美丽的眼泪" // 35

写《姆咪和大洪水》的托芙·扬松
　　从童话世界"姆咪谷"出走的岛屿隐士 // 53

写《了不起的狐狸爸爸》的罗尔德·达尔
　　"我害怕孩子合上书后说我写的故事很无聊" // 79

写《艾特熊和赛娜鼠》的嘉贝丽·文生
　　"不忍心看见父母被要求着掏钱购买这些产品的样子" // 97

写《毛毛》的米切尔·恩德
　　五十年前他预见了今天人们的困境，并在幻想王国中给出良方 // 111

画"小淘气尼古拉"的桑贝
　　"如果不欣赏人性的光辉，我就会变得很悲伤" // 125

画《爱心树》的希尔弗斯坦
　　幽默的笔触下藏着许多"坏孩子" // 139

写《小丑从来不放弃》的昆廷·布莱克
　　"我从未见过不爱昆廷·布莱克的孩子" // 153

写《雪人》和《圣诞老爸》的雷蒙德·布里格斯
　　最平淡的恰恰最绵长，被无视的恰恰最值得 // 167

写《做玩偶的戈蒂》的玛丽莲·布鲁克·戈夫斯坦
　　"希望我的绘本简洁又有力，像石头或贝壳" // 197

写《手绢上的花田》的安房直子
　　打开一扇通往世外桃源的门 // 215

写《我爸爸》和《我妈妈》的安东尼·布朗
　　为孩子画出表象之下的真实 // 229

写《爷爷的爷爷的爷爷的爷爷》的长谷川义史
　　"不要做高高在上的奇怪大人" // 247

写《别让鸽子开巴士！》的莫·威廉斯
　　用脱口秀的幽默赋予孩子生活中最稀缺的体验 // 263

后　记 // 281

文/林青溪

写《彼得兔的故事》的
毕翠克丝·波特

事情糟糕透顶的时候，
正是开始好转的时候

毕翠克丝·波特（Beatrix Potter，1866—1943），英国著名的儿童读物作家。她创作了很多深入人心的小动物童话形象，如彼得兔、本杰明兔子、格洛斯特市的小老鼠、松鼠提米脚尖儿、松鼠纳特金、平小猪、鸭子杰米玛等。其中彼得兔的形象在英国乃至世界卡通史上都有着重要的地位。

《彼得兔故事全集》封面，北京联合出版公司，2020年1月

在大众的印象中，毕翠克丝·波特[1]是一位富有生命力的女性。她健行于英国湖区农场中，面庞红润宽阔，眼神坚定温和。她经营超过4000英亩[2]的农场，还饲养牲畜及其他动物，遗嘱中，她把半生耕耘的农庄都捐赠给了英国国家信托组织。也是这样一位女性，自费出版了《彼得兔的故事》，开启了儿童文学的新时代。

---

① 又译比阿特丽克丝·波特。
② 1英亩约等于4047平方米。

在创作出《彼得兔的故事》、搬到湖区生活前，波特是位敏感、受都市生活压抑、被新贵族规则束缚的女性。少女时期的她厌恶伦敦，体弱多病，还发明了一套密码，写没有人看得懂的日记。

或许波特少女时期的痛苦来自想要走出自己的路的强烈意愿。在"毕翠克丝·波特协会"（Beatirx Potter Society）的网站上，写着这样一段话："毕翠克丝·波特远超前于她的时代。作为一位维多利亚—爱德华时代的女性，在丘顶农场做科学研究，出版自己的书，卖明信片赚钱，成为在湖区买土地的女商人，都是几乎不可能的，但波特实现了以上全部。"

"这是我不喜欢的出生地"

波特小姐是一个专注的儿童绘本作家，她总是会在很小的事情中浮想联翩，构思出精彩的动物角色和故事。她又具有敏锐超前的市场感知力，很快就把原创的彼得兔形象与日常生活中的物品相融，

他们用树枝扎成一个个小筏子,挥舞着船桨出发了。他们要去猫头鹰岛上采坚果。

每个小松鼠都带着一个小小的麻袋,一只大大的船桨。他们把尾巴高高地扬起,当作船帆。

他们还带了三只胖老鼠,作为送给老布朗的礼物。松鼠们把三只老鼠放在了猫头鹰家门口的门槛上。

然后,亮果和其他小松鼠深深地鞠了一躬,恭恭敬敬地说——

"老布朗先生,请恩准我们在您的岛上采坚果,好吗?"

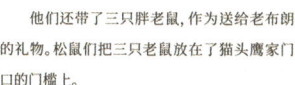

可是愣头金却非常粗鲁,非常没有礼貌。他上蹿下跳,看起来像一颗红色的小樱桃,嘴里不住地唱着——

猜一猜,猜个谜,

滴答滴,滴答滴!

有个小东西,身披红外衣!

手里拉根拐,口中含石砾!

你要能猜中,奖你四便士!

这是一个老掉牙的谜语,不论愣头金怎么蹦、怎么跳,老布朗先生都不去理会。他安如泰山地闭着眼睛,呼呼地睡着了。

《彼得兔故事全集》内页,北京联合出版公司,2020年1月

从而创造出非凡的商业价值和成功！她热爱大自然，极力维护大自然的美，保护了一个又一个农场；她成了了不起的园艺师，打造了生机勃勃的花园。她把这些捐赠给英国国家信托组织，最后这些地方被建成了湖区国家公园。

1866年7月28日，星期六，毕翠克丝·波特出生在伦敦博尔顿花园。晚年，听说这座花园在第二次世界大战中被一颗炸弹摧毁，她说这是"我不喜欢的出生地"。实际上，这也是她四十岁前大部分时间的家。

小时候的波特，几乎都是一个人玩，因为她的家人害怕她感染病毒，不允许她与别的小朋友玩。1872年3月，她的弟弟伯特伦出生，波特终于有了玩伴。波特和弟弟终生都是好朋友。

波特的家族是英国工业时代大环境下白手起家的新贵族，但她本人因为父母的疏忽，并没有得到足够的关爱。不过，因家境殷实，她的父母给她请了家庭教师。因此，波特接触了画画，这份一技之长日后帮助她实现了梦想。

波特和很多小孩子一样，热衷于在花园中玩，向往大自然的小动物，喜欢收集小玩偶和小玩意儿。波特没去上过学，但一直有家庭教师教她礼仪和语言。波特和很多同龄的伦敦城市里长大的女孩不同，她超乎寻常地喜欢乡村生活。

书籍伴随着波特的成长。她四岁的时候，有人送她一本爱德华·李尔的《荒诞书》，后来李尔的《猫头鹰和小猫咪》激发了她的想象力，她长大后写了《小猪鲁滨逊的故事》。六岁的时候，别人送她一本刘易斯·卡罗尔写的《爱丽丝梦游仙境》，坦尼尔的插图让她深深着迷。另外，她还接触到了她终生都喜欢读的《圣经》。

波特小姐比起同龄女孩体弱多病，时常患上流感，也会昏厥，甚至因为风湿热而不得不剪去头发，这让她有些难堪和害羞。

但是，童年也有快乐开心的时刻，比如每年夏天在乡村的避暑生活。后来，她自己写道："城里的孩子通常比乡下的孩子更喜欢乡村的美丽。我和弟弟出生在伦敦，因为我父亲是那里的律师。但我们的血统乃至我们的兴趣和我们的欢乐在北方乡村。"

童年的她最喜欢的地方有两个。一个是祖父母在卡姆菲尔德的家，她说那是她"世界上最喜爱的地方"。她后来写道："耳边回响着时钟稳定的滴答声，空气中满是刚割下来晾晒的干草味道，还能依稀听到远处农场的声音，让人觉得生活惬意、富足，作为有力保障的财产也取之有道、用之有度……"另外一个地方，就是苏格兰泰河西岸的道尔盖兹。她称这里是她"甜蜜的家"。在这里，她与动物之间有了近距离的接触，她和弟弟养了各种各样的宠物，同时她也爱上了摄影和绘画。相机和水彩笔成为她记录身边世界的方式。

苦闷的少女和开始显露的天赋

少女时期的波特埋怨过自己的"笨拙"。她曾比喻自己像一头牛，感到自己十分笨重，做不好事情。但她显然有自己擅长和喜爱的事物。虽然在波特的笔下，她与父母的关系没有那么亲密，但是父母让他们姐弟养过各种各样的动物：松鸦、刺猬、小老鼠、蝙蝠、

九岁时,波特画下穿着衣服在冰上玩耍的兔子

松鼠、猎鹰、蛇、栗色马……还有好几窝兔子。

刚刚八岁的波特就能画出毛毛虫,一年后,她就能够画出穿着夹克、戴着红围巾的兔子拉着雪橇在冰上玩耍的场景,惟妙惟肖。她已经可以轻松地用钢笔、铅笔、水彩颜料等各式各样的美术工具,画出生动有趣的画。但那个时候的波特脑海中还没有要写出系列故事的想法。

1882年对波特来说意义非凡,因为她发明了日记代码。大约从十四岁到三十岁,波特用代码写日记。像大多数青春期的女孩一样,波特害怕被看见,害怕被关注。她在日记里写道:"心情起起落落,今天一直心情不好,现在头脑一片空白,此刻我感到格外的虚无缥缈。事情总是没完没了吗?这就是成长吗?"

尤其是弟弟去上学的日子,波特更孤独了。在相当长的时间里,她都在和安妮小姐学画画,也正是在给安妮小姐病中的孩子写信时,波特创作出彼得兔的故事。但是,这个年龄的波特和安妮小姐相处得并不融洽,她们常常因为看待自然和艺术的观点不同而产生分歧,但是波特总会坚持自己的观点。

十七岁,她在日记里写道:"我用于画画的时间越来越多……我只能安心画画,其他什么事都做不了。我失去了对一切的耐心。"在波特十八岁那年,安妮小姐结婚了,波特也结束了绘画的学习。此时的波特非常不安,在1885年新年前夜,她写道:"为什么一个人不愿意跟过去的一年告别?并不是因为这一年过得很愉快,而是因为害怕来年——我特别害怕未来。"在青春期,波特常常生病,而且掉发严重,绘画成了唯一令她安宁下来的事情。

努力工作,寻找自己的价值

很多年后,波特宣称自己都看不懂代码日记,但一个名叫莱斯利·林德的有心人揭开了代码之谜。他从小就喜欢波特的作品,想更多了解这位作家。从1945年开始,他开始收集各种和波特相关的照片和艺术品,大大小小加起来有两千多件。他还花了很多时间研究波特的代码,但代码太复杂了,他一度想要放弃。但是1958年复活节后,林德终于成功破解密码。他又花了五年时间,翻译了

二十万字。这本日记在波特小姐一百周年诞辰(1966年7月)出版。

在波特的日记里,我们读到了一个女性漫长而曲折的成长史。在巨大的痛苦和压抑中,波特一直在探索如何成长——努力工作,实现自我价值。她说:"我只是为了取悦自己而编写故事,因为我从未长大。"

波特十分关注菌类,尤其关注菌类是如何繁殖的。每一个避暑的夏天,地上的菌类如星罗棋布般生长出来。波特在日记里写道:"我自己在放大镜中看不出什么神秘的东西,真菌从菌丝开始生长,而不是直接从孢子生长,菌丝从落在富有养分的泥土里的孢子中长出来。"波特小姐想要揭开这些谜团。她一直非常认真地画菌类,希望有朝一日能让菌类出现在书本中。她说在所有事物中,菌类是最难画的。她希望自己能成为这一领域的专业学者兼绘画师,但是却遭到林奈学会(Linnaean Society)的"无礼对待",她的论文也没能发表。

不过,在波特一百周年诞辰,林奈学会公开承认波特当年提出的理论是有价值的,而波特画的菌类也被当作学术参考资料使用至今。为了让自己的花园更美,波特成了专业园艺师。尽管她终生都未离开过英国,她的花园里却汇集了来自世界各地的植物。对植物的热爱给波特的创作带来重要的影响。她不仅让众多动物成为绘本主角,还把许多植物加入了绘本中。读她的故事会发现,花卉、蔬菜、水果都是重要的元素。为了让绘本更好看,她把四季的花卉都画进了绘本里。被她画得最多的是蔷薇,因为蔷薇是花园里开花时间最长的花。在《彼得兔的故事》里,她画了天竺葵、旱金莲、洋甘菊、卷心菜、胡萝卜、洋葱、莴苣、豌豆……在《松鼠纳特金的故事》[①]里,她画了山毛榉、枞树、榛树、橡树、松树、李子树、樱桃、板栗、草莓……在《精灵大篷车》里,她画了77种花卉、蔬菜、水果。波特曾写道:"季节更替,时间流逝,而我有我的这些故事伴我同行,与我对话。"

在她二十四岁时,一家出版社印刷了她参与设计的圣诞节贺卡,并贴心地提出,以后波特若有创作书籍的打算,出版社可以考虑出版她的作品。不过年轻的波特并没有第一时间就写童话故事,她还没有意识到自己拥有的巨大天赋,更不知道自己可以改变英伦乃至欧美的童书市场。

[①] 中文版本也有翻译成《松鼠金坚果的故事》《松鼠胡来的故事》《松鼠愣头金的故事》。

波特的信

Peter rabbit

自费出版《彼得兔的故事》

波特身处城市,却总是怀念乡村天真烂漫的生活,她想念摘果子,想念村子中的小动物,想念在湖泊里划小船赏景。

在志同道合的环保主义朋友的帮助下,波特小姐将在信件中写给孩子们的关于兔子的故事整理成了书稿,投给了出版社。但出版社接二连三地拒绝了她的投稿。波特小姐没有放弃,而是选择自费出版,并敲定了这本亲子共读书的最终大名——《彼得兔的故事》。

彼得兔的故事最初的文本写于1893年9月4日。家庭教师安妮的长子诺埃尔·摩尔被疾病所困,波特写给他一封画有四只兔子的故事的信,信中这样写道:

亲爱的诺埃尔:我不知道给你写些什么,所以我打算跟你讲讲四只小兔子的故事,他们的名字是弗洛普西、莫普西、棉球尾和彼得。他们和兔妈妈住在一棵高大的枞树下的沙洞里,那里是他们的家。

"亲爱的小宝贝,"兔妈妈对她的孩子们说道,"现在,你们可以到田野里去玩,也可以顺着小路溜达,但是千万不要跑到麦克戈尔先生的菜园去。"

在书里,小兔彼得没有听妈妈的话,他潜入麦克戈尔的菜园,偷吃里面的生菜、蚕豆和萝卜,然后趁还没被捉到,逃之夭夭。

想到这里,彼得又转身朝工具棚走了回去,可突然间,他听到不远处响起了锄头铲地的声音——咔嚓咔嚓、啪嗒啪嗒、咔嚓咔嚓、啪嗒啪嗒。彼得连忙躲进了灌木丛里。

不一会儿,看到什么事也没发生,彼得又钻了出来。他爬上一辆独轮推车,朝远处望去。他一眼就看到了麦克戈尔先生 —— 他正在给洋葱锄草,背对着彼得。而在他的另一侧,可不就是那扇大门吗!

彼得悄悄地爬下独轮推车,绕到黑醋栗灌木丛后面,然后沿着一条笔直的小路,以最快的速度朝栅栏门奔去。

跑到转角的时候,他被麦克戈尔先生发现了,不过彼得并不在乎,嗖的一下从栅栏门底下的缝隙里钻了出去。他终于离开菜园,跑到了树林里。这下总算安全了!

《彼得兔故事全集》内页,北京联合出版公司,2020 年 1 月

1901 年 12 月 16 日，《彼得兔的故事》首印迅速卖空，这只名为彼得、总是穿着蓝色外衣的小灰兔子正式一蹦一跳进入了大众的视野。在次年 2 月加印后，很快有出版社愿意接手出版《彼得兔的故事》，并提议将书中插画改成彩色。就这样，彩绘版的《彼得兔的故事》出版于 1902 年 10 月，接下来的一年里加印 36 次，印刷了 2.8 万册。

波特笔下的故事温馨感人，但她也出于科学严谨的态度，实事求是地写出小动物们在人类社会中生活的真实性，比如彼得的爸爸就是因为没有听从彼得妈妈的忠告，成了人类餐桌上的兔子馅饼。接近现实的描写突出了彼得和农场里其他小动物的聪明机灵，并区别于现在孩子熟知的宠物兔——故事里的兔子们是自然中的兔子，而非人类的宠物。这些视角更激起孩子们的好奇心，完成了故事阅读与科普教育的完美融合。

创作带来的爱情和猝然的离别

波特的才华在《彼得兔的故事》出版后大放异彩，她如此引人注目，自然也吸引了出版《彼得兔的故事》的沃恩出版公司的产品经理诺曼·沃恩。诺曼·沃恩是这家家族出版公司的三兄弟中最小的一位，也是一位单身汉。他负责波特创作的图书的出版工作，和波特小姐总有聊不完的话题。同时，波特和诺曼的姐姐米莉也成了

《彼得兔故事全集》插图,北京联合出版公司,2020年1月

终生的好朋友。

波特小姐很喜欢自己创作的《格洛斯特的老裁缝》，这个故事缘起自1901年圣诞节的一封写给诺埃尔·摩尔的信。波特告诉对方，自己要写一个全新的故事，这个故事是在格洛斯特郡听到的——至少老裁缝、背心和那一句"线用光了！"都是真实的。在书里，波特创作了一群来报恩的小老鼠，帮助老裁缝完成了工作。

1903年，沃恩公司出版了《格洛斯特的老裁缝》，同年还出版了《松鼠纳特金的故事》。波特和诺曼之间总是可以坦率真诚地交流，波特愿意把自己内心所想所思，尤其是商业上的想法，一清二楚地告诉对方，诺曼也愿意奉上自己专业的建议。他们彼此欣赏，在图书创作和出版的过程中深谙对方的心意，是很好的合作伙伴。

1904年波特创作了《小兔子本杰明的故事》和《两只顽皮鼠的故事》。《两只顽皮鼠的故事》灵感来自诺曼·沃恩，他很有做手工的天赋，给自己的侄女温妮弗雷德做了一个精美的玩偶小屋，里面从装饰到家具一应俱全。

1905年2月，她同诺曼聊到《渔夫杰里米的故事》的初步构想，她写道："我怕你不喜欢青蛙，不过加上了水培萱草和水莲之类的画面就好看了。"这段时间，他们几乎天天通信。1905年6月，波特写道："我希望另一本书也能在夏天前准备就绪，这两本书陪我们度过的这些时光，我总是在结束时觉得怅然若失。"他们日渐亲密无间，1905年7月25日，波特收到了诺曼的求婚信，她又惊又喜，即使父母反对她嫁给一名商人，她还是义无反顾，悄悄与诺曼私下订婚。他们还约定，要打造出属于自己的花园。但花园并没有建好，花也没有开放，波特珍惜的幸福就戛然而止。

波特的未婚夫诺曼死于一场突发的白血病，突如其来的悲痛使她手足无措。她只来得及设想她在爱人的墓前要种下什么花。波特的余生一直戴着诺曼送她的订婚戒指，还保存着他的雨伞。想必她一直没有忘记诺曼，没有忘记诺曼对她创作的支持。

诺曼去世两个月后，波特果断用自己的版税和一位亲戚去世分给她的遗产，买下了丘顶农场。她的选择让她得到了真正的独立。虽然很多村民都觉得波特的出价过高，买下丘顶农场有些不值，但不妨碍波特沉浸在得到自己的花园的憧憬中。她亲自重新设计了农场里的花园，扩建房屋。重整她的第一座花园让她慢慢减轻了未婚夫诺曼去世带来的痛苦。

1905 年，毕翠克丝·波特，这个反感大城市交际的都市人，终于从伦敦搬到了英格兰的湖区乡村长居。四十岁的她仍保持单身和清醒聪明的头脑，在自己亲手打造的丘顶农场中继续着她那影响深远的童书创作。

文/王铭博

写《长袜子皮皮》的林格伦

用战斗的姿态争取孩子表达的权利

阿斯特丽德·林格伦（Astrid Lindgren, 1907—2002），瑞典著名儿童文学作家，作品有《长袜子皮皮》《叮当响的大街》《淘气包埃米尔》《吵闹村的孩子》《狮心兄弟》等，其中《长袜子皮皮》系列被译介到世界各地，总发行量超过1亿册。1999年她被评为瑞典20世纪最受欢迎的人物，在瑞典享有国母般的崇高地位。

《长袜子皮皮》封面，〔瑞典〕阿斯特丽德·林格伦著，李之义译，中国少年儿童出版社，2009年10月

　　我们在童书封面上看到的"林格伦纪念奖"，全称"阿斯特丽德·林格伦纪念奖"（Astrid Lindgren Memorial Award），是为了纪念《长袜子皮皮》的作者林格伦设立的。林格伦三十七岁创作完成的《长袜子皮皮》，甫经问世就获得了巨大成功，如今已是瑞典有史以来最畅销的儿童书籍，也是一部享誉世界的经典童话。

瑞典儿童文学作家林格伦生于1907年，成长在一个幸福的家庭。童年时期的快乐让她从不缺乏安全感，而成年后的叛逆又让她做了别人不敢做的事。林格伦笔下的皮皮古怪精灵，直率任性，无拘无束。不论是大读者还是小读者，都很羡慕她可以做一切孩子想做的事情。

除了《长袜子皮皮》，林格伦的很多作品都与她的童年经历有关。有人问她："你的孩子或孙子有没有激起过你的灵感？"她的回答是："没有任何孩子比曾经是我自己的那个孩子更能激起我的灵感。"

在中国，林格伦经常被敬称为"童话外婆"。这是读者与出版方对林格伦的喜爱与亲昵的直接表现。但在某种程度上，也将林格伦的形象定格在了她的晚年———一位卓越、慈祥的童书大师。

与许多卓越的创作者一样，林格伦的作品是从她的生命体验中生长出来的果实。林格伦快四十岁才出版自己的第一部作品，她不是天生的"童话外婆"。她是一个在农庄中劳动玩耍的孩子，更是一位充满活力的母亲。

林格伦的生命体验促成了这样一位善于"挑衅"的儿童文学巨匠的诞生。在经历漫长岁月后，她才定格，成了全世界孩子的"童话外婆"。

被印在瑞典钞票上的林格伦与皮皮

01

温和的挑衅者林格伦与《长袜子皮皮》

　　1944年4月，三十七岁的阿斯特丽德·林格伦将她的首部作品《长袜子皮皮》寄给伯尼尔出版公司，她随书稿附了一封信，其中写道："我希望你们不要向保护儿童委员会报警。"对此，林格伦解释说："因为我自己也有两个孩子。他们没有了写这本书的母亲可怎么办呢！"

　　林格伦这样的担忧是有理由的。与许多塑造榜样的作品不同，《长袜子皮皮》是孩童纯粹的梦想，它为孩子创造一个自在的空间，一个能够平等地向成年人表达自己想法的空间。

1945年,《长袜子皮皮》在几经波折后终于出版,旋即引起了瑞典社会关于自由教育和儿童道德观的大讨论。许多人认为"皮皮是一个坏典型,她没有接受过教育;书中使用的语言草率和低俗,整部作品非常不道德"。

但事实上,《长袜子皮皮》是部极其温和、道德的作品。

首先,它是林格伦作品中罕见的基于想象的作品,这种幻想性决定了皮皮的挑衅是温和的,正如林格伦本人所说:"长袜子皮皮是一个以儿童形象出现的小精灵,被搬到一个非常普通的环境里。她依靠超自然的体力和人所不及的超人条件,可以完全不依赖成人过着一种随心所欲的生活……皮皮是一个特殊的儿童,她绝对不是普通儿童的榜样。"

哪怕是再小的孩子,也能看出皮皮并不是一个普通的小姑娘。可以说,《长袜子皮皮》是林格伦基于尼采超人理念进行的文学性试验——她赋予皮皮能举起大马的神力、满满一袋子金币的财力、独立生活的能力,这些都让皮皮不受制于现实生活,成了一个"超人"儿童。

而在故事中,皮皮也是温和的,她从未真的带领书中的孩子做出反对、打破成人规则的行为,她的挑衅都只停留在口头上——如果真诚地与人讨论、指出平常之事中的谬误,算得上是一种挑衅的话。

林格伦巧妙地设置了一个极具道德性的问题:当一个孩子超越了现实生活,被赋予全面的能力,她会拿这些特殊能力去做什么呢?

在她创造的世界里,皮皮拿金币给全镇的孩子买糖果和玩具,还不忘记给小猴子尼尔松先生的礼物，自己却什么都不需要。皮皮哪怕有能打败世上最强壮的大力士的神力，也从不主动挑衅，只会在有人做出冒犯之举的时候，心平气和地将对方扔到房顶上，小小地惩罚一下。

难道这还不够道德和良善吗？"超人"皮皮别无所求，只是不伪善，并捍卫自己表达的权利而已。创作这样的皮皮不仅源自林格伦坚强、求真的性格，也来自她儿时怯懦经历留下的深深烙印。

在一次手工课上，一位比林格伦大的女生，说林格伦不在场的好朋友马迪根的坏话，对此，林格伦回忆道："马迪根是我最好的朋友，但是我没有做出反应。这时另外一个女生说，'我们大家不要说什么啦，因为她最好的朋友就坐在这儿！'我听了别提多难为情了，因为我没有保护她！"

林格伦记得自己曾是孩子时的体验，并发自内心地想保护孩子们表达和冒险的勇气。她虽然摆出一副战斗的姿态，却只为了争取那一点点孩子应有的表达的权利和说些无伤大雅的笑话的空间。

皮皮的存在对于读者来说近似于一个安全阀，有瑞典读者评论道："我把了解皮皮作为一种解放——当我知道一个成年人创作了这本书的时候，感到非常得意。至少，有一个大人知道作为一个孩子的感受，并站在小孩子一边。皮皮可能给了我，还有很多跟我一样的孩子，很大的勇气——向成年人提出自己的主张并得到了回答。"

但哪怕是这样温和的挑衅，也难以被复杂的成人世界接纳。显而易见，《长袜子皮皮》刺伤了当时保守的瑞典社会。

面对以规训孩子为出发点的道德与教育观点，林格伦指出了其中的荒谬：

> 作为一个一无所知的孩子很不容易。世界充满陌生、可怕的东西，这个一无所有的孩子要依赖的就是已经活了很久、知道很多东西的成年人。在小孩子周围建立一个安全、温暖和友善的世界，本来是成年人的事情，但是他们做到了吗？没有，至少我没有看到……
>
> 他们从早到晚，辛辛苦苦教育孩子，恨不得孩子从一开始就表现得像个成年人一样……尊重孩子，在这方面我想说的是，成年人心胸要开阔一些。对待他们，就应该像对待其他成年朋友一样。给孩子爱，更多的爱，更多更多的爱，仁义自然就来了。

林格伦一生中获得过诸多大奖，包括被称为童书界最高荣誉的"国际安徒生奖"（Hans Christian Andersen Award），影响了全世界的大小读者。林格伦离世后，瑞典政府为纪念她，于2002年设立了"阿斯特丽德·林格伦纪念奖"。此奖项是目前世界上奖金最丰厚的儿童文学奖，澳大利亚华裔作家陈志勇、日本绘本作家荒井良二等才华横溢的创作者都曾获此殊荣。

不论是作为挑衅者，还是作为梦想者，皮皮以及林格伦的价值都是永恒的。当然，永远有人无法接纳长袜子皮皮无伤大雅的玩笑。《长袜子皮皮》出版三十年后，一位已经离开自己故乡的教师写信给林格伦说，她昔日的同事因为在班上为学生们高声朗读《长袜子皮皮》片段，被开除了。

自《长袜子皮皮》问世，快八十年过去了，一个长袜子皮皮式的挑衅者在今天仍然面临着许多阻碍。我们的生活看起来每天都在发生着翻天覆地的变化,但若以《长袜子皮皮》为标尺,一切又似乎丝毫未变。这也许正是我们需要皮皮、需要林格伦的理由。

林格伦创造了长袜子皮皮,那么,是什么成就了林格伦呢?

童年时期的劳动、玩耍与爱

林格伦出生于 20 世纪初瑞典的一个平民之家,父母勤恳、正直又恩爱,育有四个子女,一家人靠节俭与勤劳在自然中经营平凡又生机勃勃的生活。

与在城市长大的孩子不同,林格伦的童年由玩耍与劳动构成,这也正是她永恒的创作素材。而来自父母与兄弟姐妹的爱则是她日后创作中反叛的底气——童年家庭的幸福使林格伦相信,自己永远被爱着,被接纳着。

林格伦父母的爱情非常美满,父亲萨默尔·奥古斯特一生都在感叹世间有真爱,为自己能够与妻子汉娜一起生活而感到幸运。林格伦曾说,儿时每天都能看到自己的父亲拥抱母亲。她甚至在很长一段时间内以为所有的父母都很恩爱,所有家庭都如自己的家庭那般温暖。

这样的家庭给了林格伦天生的安全感,而父母更是她为人的榜样。

林格伦的父亲萨默尔·奥古斯特曾是农民，后来逐渐变得很富有，但他不断强调自己只是"一个普通的农民"。他会在平日早起一小时，仅仅是为了阅读挪威作家汉姆生的小说《大地的成长》。

在《林格伦传》中，传记作家斯特罗姆斯泰特评论了林格伦父亲的与众不同之处："萨默尔·奥古斯特很单纯，但同时很敏锐；他很老实，但不妥协；他得到周围人很多尊敬，但没人怕他；他很抠门儿，但同时慷慨大方。"

林格伦继承了父亲这种复杂又极富魅力的性格。

奥古斯特喜欢做生意，他人生的第一桶金是为富商开栅栏门赚到的。这段经历被林格伦写入了代表作《淘气包埃米尔》中，巧妙地成为埃米尔在热闹的集市赚钱的妙计。

林格伦的妈妈汉娜是一位亲力亲为的庄园女主人。她每日忙于织布、做衣服、养鸡、管理菜园、制作果酱等种种劳作，她轻视那种只会指使人的主妇。

勤劳、独立的母亲是林格伦童年的女性典范，让林格伦从小就将女性的力量视为理所当然。许多年后林格伦笔下那个能举起大马、打败世上最强壮的大力士的小女孩长袜子皮皮，正是女性力量的体现。

对于孩子来说，劳动也是纳斯庄园日常生活的重要主题。林格伦与三个兄弟姐妹从小就与庄园里的其他伙伴一起干活。对于孩子们来说，劳作并不轻松，但林格伦和她的兄弟姐妹们长大后，全都发自内心地感受到从劳动中得到的滋养。在作品《姐妹花》中，林格伦借着角色之口感叹道："生活的最高幸福是劳动，就这么简单！"

除了劳动，玩耍几乎是林格伦和同龄孩子们的全部。林格伦与

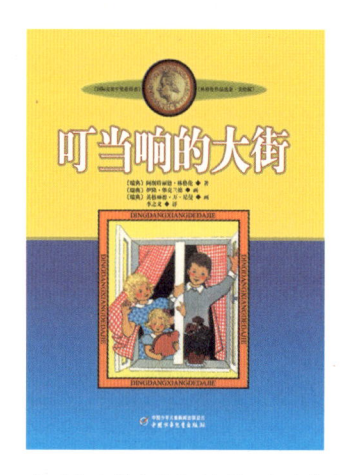

《叮当响的大街》封面，［瑞典］阿斯特丽德·林格伦著，李之义译，中国少年儿童出版社，2012年8月

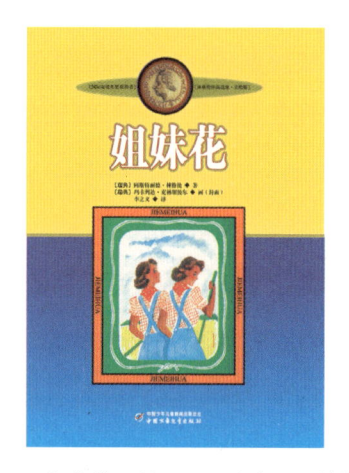

《姐妹花》封面，［瑞典］阿斯特丽德·林格伦著，李之义译，中国少年儿童出版社，2012年8月

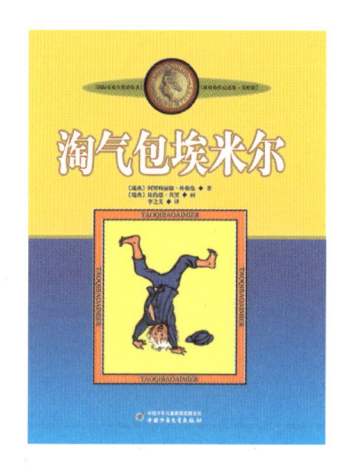

《淘气包埃米尔》封面，［瑞典］阿斯特丽德·林格伦著，李之义译，中国少年儿童出版社，2009年10月

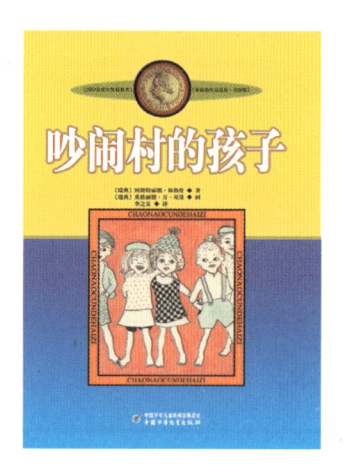

《吵闹村的孩子》封面，［瑞典］阿斯特丽德·林格伦著，李之义译，中国少年儿童出版社，2009年10月

她的兄弟姐妹，还有庄园里长工的孩子们，让玩耍精神如空气般存在于纳斯庄园。

林格伦的作品《叮当响的大街》《吵闹村的孩子》就再现了儿时的游戏。《吵闹村的孩子》堪称儿童玩耍的"百科全书"，揭示了玩耍的元素——伙伴、即兴的想象力、父母提供的自由空间、大自然的游乐场，还有那句如魔法咒语般的"啊，我们玩得真开心"！

林格伦珍视儿时从家人身上获得的力量与快乐的宝贵价值，在日后的创作中，这些价值通过她的故事与心灵，感动了更多人。

03

叛逆之后的独立与坚韧

1926年，林格伦成了未婚母亲。当时，她在当地报社工作，并怀了已婚主编的孩子。

那并不是一个包容的年代，闲言碎语满天飞。即便孩子的父亲事后向林格伦求婚，林格伦也拒绝了他。她选择做一位单身母亲，离开家乡，去斯德哥尔摩寻找出路。

幸运的是，年轻的林格伦得到了热心于妇女权益的律师艾娃·安登的帮助，在哥本哈根产下儿子拉士，并为其找到了寄宿家庭。

回到斯德哥尔摩的林格伦拥有了人生中第一份工作，她成为一个打字员，领着微薄的薪水。年轻的林格伦咬紧牙关生活着，她默默地把生活的重心放在远方的儿子身上，省吃俭用，只为攒够钱买去哥本哈根看望儿子的车票。

　　1929年2月，由于寄宿家庭状况变动，林格伦将儿子接到了身边，与她一起漂泊。生活捉襟见肘，年轻的妈妈竭尽全力爱护着幼小的拉士。林格伦曾心碎地记录着最初与拉士一同生活的无助：

> 小拉士患有百日咳，刚来的时候整整咳了好几个月……对我来说，这些夜晚是我一生中最难熬的夜晚。我无法入睡。我躺在床上，听他咳嗽。有时候他自言自语地说某个童话里的一句话，"此时母亲、埃塞和卡尔睡着了！"这些话煎熬着我，我永远忘不了。

　　与儿子的相处让林格伦意识到童话如何影响了孩子的生活。但这时年轻的林格伦并没有开始她的童话创作，她只是深深地爱着自

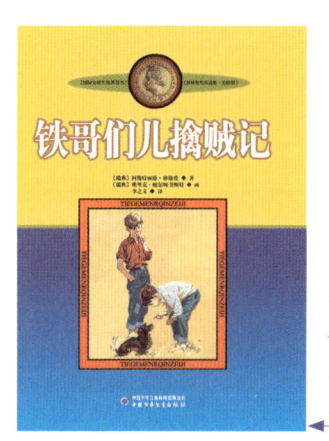

《狮心兄弟》封面，［瑞典］阿斯特丽德·林格伦著，李之义译，中国少年儿童出版社，2009年10月

《铁哥们儿擒贼记》封面，［瑞典］阿斯特丽德·林格伦著，李之义译，中国少年儿童出版社，2012年8月

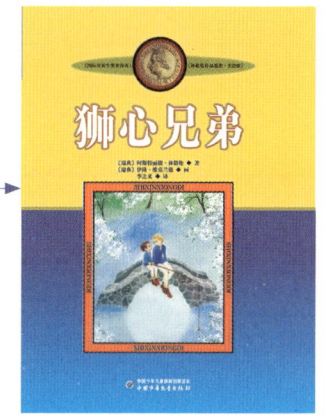

己的孩子，好像天生就清楚如何做妈妈一般。

"她不是那种安安静静坐在公园靠背椅上，看着自己孩子玩耍的妈妈。"拉士·林格伦对自己儿时妈妈的陪伴印象深刻，"她自己也玩，我怀疑她是不是和我一样开心。"

拉士记得妈妈和自己从小山上坐着纸板往下滑，妈妈的裙子被磨破了，拉士在回家的路上只能贴着妈妈走，以免被人看见妈妈裙子上的开口。

若想探究林格伦这种崇尚玩耍与快乐的精神，我们可以从林格伦父母对待孩子的态度中找到最初的种子。林格伦曾充满感激之情地回看自己的童年：

> 有两件事造就了我们的童年：安全感和自由。与这两个互相关心的人（指自己的父母）在一起有一种安全感，我们需要他们的时候，他们随时都在。但在一般情况下，他们让我们在纳斯庄园的游戏场自由、幸福地玩耍……如果我们穿着撕破或弄脏的衣服回家，我不记得妈妈说过一句责备的话。妈妈不要求我们无条件地准时回家吃饭……她可能认为，一个孩子玩疯了的时候，有理由忘了回家吃饭。

独立，坚韧，还有快乐带来的蓬勃力量，贯穿林格伦的作品始终。她凭借直觉将从父母那里获得的安全感与自由意识给予自己的孩子，还有无数为她作品痴迷的大小读者。

每个时代都有皮皮的反对者，但更多的是喜爱她的读者。林格伦创造的书页之间的时空给人们喘息的可能，从而让他们积累哪怕一点点表达的勇气。那是生命力旺盛的林格伦送给所有"此刻的孩童"的礼物。

在《长袜子皮皮》刚出版不久时，瑞典地方报纸上刊登过这样一则不起眼的快讯：

> 昨天夜里，人们在马尔默的一条大街上找到一位二十六岁的运输工人。他喝得酩酊大醉，在他身边放着一本《长袜子皮皮》……除了这本书，人们还在他的口袋里找到23块糖。

文/李茵豆

写《去年的树》《小狐狸阿权》的
新美南吉

"我写出来的故事,值得一个孩子美丽的眼泪"

新美南吉(1913—1943)，日本著名儿童文学作家，与宫泽贤治、小川未明齐名，代表作品《小狐狸阿权》《去年的树》《小狐狸买手套》等。

　　新美南吉的生命只有短暂的三十年，但他的作品散发出了长久的生命力，人们都称他为"日本安徒生"。为纪念新美南吉先后设立的"新美南吉儿童文学奖""新美南吉童话奖"是日本儿童文学重要的奖项。1994年，他的家乡半田市建立了新美南吉纪念馆。

各种给小学生的推荐阅读书单里，都少不了《去年的树》。它是作品集，收录了日本儿童文学作家新美南吉写的童话。新美南吉一生坎坷，1943年去世时年仅三十岁，却留下了《去年的树》《小狐狸阿权》等大量堪称经典的美丽童话。

在日本儿童文学界有着"北贤治，南南吉"的说法，意思是说，他们两个人一北一南，构成日本儿童文学的双璧。他们俩也有许多相似之处：都是英年早逝，并且终生独身；在世时都只出版过两本书，死后才获得高度评价，喜欢他们的读者随着时间推移而日渐增多；在儿童文学创作上都没有受到过多束缚；等等。

新美南吉的作品随着丰富曲折的故事情节展开，一直站在儿童的立场，深入儿童心灵。1941年新美南吉在评论文章《关于童话中故事性的丧失》中表达自己对儿童文学的思考：童话的读者是孩子而不是文学青年，因此，今天的童话，必须努力恢复故事性。

01
每个孩子都读过的故事

无论在日本还是中国,新美南吉都是"每个孩子都读过"的童话作者。在日本,从1980年开始,童话《小狐狸阿权》被收入四年级语文课本。在中国,《去年的树》被收入三年级语文课本。《小狐狸阿权》与《小狐狸买手套》的故事借由画家黑井健的绘本,也被更多幼儿园孩子知晓。

同样是讲述狐狸与人类相处的故事,《小狐狸阿权》和《小狐狸买手套》中,两只小狐狸的命运截然不同。

顽皮的小狐狸阿权偷走了兵十好不容易钓上来的鳗鱼。十几天后,兵十的妈妈去世,阿权以为是自己害兵十妈妈临死也没吃上鳗鱼,很自责。失去相依为命的母亲的兵十,那失落的模样,也让阿权想到同样孤零零独自生活在世间的自己。

为了弥补对兵十的愧疚,也为了安慰兵十,阿权去偷渔民的沙丁鱼,摘栗子,拾松茸,偷偷放到兵十的门前。兵十浑然不知,还以为是神的恩赐。

《小狐狸阿权》封面，[日]新美南吉著，周龙梅、彭懿译，爱心树童书出品，新星出版社，2018年5月

阿权又一次送栗子上门时，兵十想"那只之前偷走我鳗鱼的狐狸又来捣乱了啊"，拿出了火药枪……

阿权倒下时，兵十看见了它怀里的栗子。

《小狐狸买手套》的故事则发生在冬天里寒冷的北方森林。第一次见到雪的小狐狸在雪地贪玩，冻坏了手。狐狸妈妈很担心小狐狸，想天黑后去人类居住的镇上给它买一副暖和的毛线手套。可狐狸妈妈听说过许多狐狸险些丧命于人类的故事，颇为忐忑，怎么都不敢出门。

最终狐狸妈妈决定动用小小的魔法，将小狐狸的一只手变成了"可爱的人类小手"，又给了它两个白铜板，吩咐它去镇上的帽子店，将那只人类小手伸进门缝里，说："请卖给我一双这只手戴着合适的手套。"

"明白了吗，千万不能伸出另外一只手哦……人啊，要是知道你是狐狸的话，就不会把手套卖给你，甚至还会把你抓起来。人是很可怕的啊！"

小狐狸沿着星星点点的灯光，懵懵懂懂出发，到了帽子店。道了晚上好，门开了一条小缝，小狐狸一紧张，将自己狐狸的那只爪子伸了进去。店主也愣了愣，想，这是只狐狸来买手套啊，该不会拿树叶来买吧？于是说："请先付钱。"小狐狸乖乖地将白铜板递上。店主交给了小狐狸一副小孩子戴的毛线手套。

小狐狸抱着手套踩着雪，飞奔回森林，赶到焦急等待着它的妈妈身边，说："人一点都不可怕。"狐狸妈妈怔怔地自言自语："啊，人真的是善良的吗？人真的是善良的吗？"

天真无邪的小狐狸，正像是面对着复杂人世、尚未形成自己的认知的小孩子。作为一个儿童文学作家，肩负着的责任是"要为孩子呈现一个怎样的世界"，一个他之后将独立面对的世界，这背后原本就藏着作家自己的人生观念，就像狐狸妈妈的思索："人真的是善良的吗？"

新美南吉短短一生，写作童话、童谣、小说、短歌等作品一千五百余部。它们大都围绕乡村、小镇、森林中孩童或动物的生活，仿佛日常生活中细小的事物也浸透了情感和悲哀。在他眼中，悲伤与爱原本就相伴而生。

归根结底，故事这种东西里，不能没有悲哀。悲哀会化成

爱。我会写包含有悲哀的故事，也就是爱的故事。（新美南吉日记，1929年4月6日）

在《去年的树》中，小鸟四处寻找去年冬天相识的那棵树，为兑现"继续唱歌给你听"的约定，却得知自己的旧友已经被砍伐，做成了火柴。火柴被运到村子里，点亮的煤油灯还在一个小女孩桌前亮着。小鸟对着煤油灯，唱了去年的歌。

"火焰随着歌声轻轻摇晃，好像在说自己很快乐。"

02

真正体会孩子的心情：
《赤鸟》杂志社走出的童话作家

1943年初，新美南吉因肺结核去世，死时年仅三十岁。

1913年，新美南吉出生在日本本州岛南部爱知县知多郡半田町（现爱知县半田市）一户经营榻榻米和木屐生意的人家，本名渡边正八。四岁，母亲因病去世。六岁，父亲再娶，继母生下了他的弟弟。八岁，父亲和继母离婚，这一年7月，父亲将他过继到了祖母（亲生母亲的继母）家，改随母姓新美。祖母家在村子最北端，相当偏僻，四周都是幽深的竹林和稻田，没有可以一起玩的朋友。他感受不到一点温暖，只觉得晦暗、诡异与孤独，和没有血缘关系的祖母无法相处。同年12月，他被送回父亲家，但仍保留了祖母家养子的身份以及祖母家的姓。之后,父亲又与继母复婚,新美南吉同父亲、继母、弟弟一同生活。从此,他对母爱的理解,有了"记忆中永远怀念却无法抵达的母亲"与"现实生活中的母亲"两种。

或许这样的童年经历,养成了新美南吉神经敏感、感受性强的性格,这一性格又加深了他的痛苦和孤独。

他从小体弱,性情文静内向,小学中学时除了体育课,成绩一直很好,早早地就发挥了文学才能。十四岁时,他便开始创作童谣、童话,和志同道合的朋友一起办文学杂志《猎户座》,开始用"新美南吉"为笔名。

1929年,新美南吉十六岁,这一年,日本最重要的儿童文学杂志《赤鸟》宣布停刊。当时的《赤鸟》已经办了十年,是日本童心主义艺术运动的阵地,也是儿童文学界的中心。文坛上颇有影响力的作家泉镜花、德田秋声、岛崎藤村、北原白秋、小川未明、芥

复刊后的《赤鸟》杂志1月号

川龙之介……都在《赤鸟》为儿童写作。然而在经济下行、思想收紧的社会大环境下，《赤鸟》渐渐失去了作者和读者。主编铃木三重吉无力再维系，只能宣布停刊。

新美南吉在镇上的一家书店得知这消息，感到深深的失落。

1931年1月，铃木三重吉一场大病后，仿佛认清了自己的使命，怀着"将这捡回来的余生奉献给它"的决心，宣布《赤鸟》复刊。这一年，新美南吉十八岁。

1931年3月，新美南吉高中毕业，考取了冈崎师范学校，因体检不合格没法入学。之后，他留在母校的小学担任二年级的代课老师。新美南吉给班上的孩子们讲他写作的童话与童谣，其中就包括《小狐狸阿权》。

一边教课，新美南吉一边给《赤鸟》投稿，《小狐狸阿权》和他的童谣作品登上了复刊后的《赤鸟》杂志，获得了同为《赤鸟》主创的童谣诗人北原白秋的赏识。

有一次，新美南吉给班上的孩子讲自己之前写的一篇童话，一个孩子听后小声哭了。新美南吉在日记中写下了这件事：

当时，我很开心。我脑中编出来的故事，真的值得一个孩子美丽的眼泪吗？（新美南吉日记，1931年4月）

因为《赤鸟》，他结识了同为北原白秋弟子的童谣诗人巽圣歌——彼时尚不知，他将成为自己一生最重要的文学伙伴和编辑。1931年8月，结束代课老师的工作后，新美南吉到了东京，借住在巽圣歌家中。第二年，在巽圣歌的鼓励下，新美南吉考取了东京外国语学校英文专业。

"收到录取消息时简直不敢相信，快要哭出来。"从 1932 年到 1936 年，他在东京度过了一段热闹的大学时光和理想的文学生活——每日看电影，听音乐，读书，与友人聊天散步，学习文学和外语，创作童谣与童话。

围绕《赤鸟》，他和北原白秋、巽圣歌热烈交流和讨论，开阔并加深了对儿童文学的理解。《小狐狸买手套》《野狗》等童话及《明天》等童谣都在《赤鸟》上发表，新美南吉成为当之无愧的《赤鸟》代表作家。

1933 年，北原白秋和铃木三重吉因理念不合决裂，北原白秋离开《赤鸟》。新美南吉追随他，不再向《赤鸟》投稿；虽是主动决定，但失去作品发表的平台，难免失落。

另一方面，他的身体每况愈下，开始咳血。东京的都市生活也令他怀念家乡的亲人与自然风景。

我不会穿上大衣

去和美丽如花的少女们

相恋

也不会

兴致勃勃地走在

银座明亮的街头

我会身穿

古旧褴褛的大衣

去到无人的地方

轻轻地靠着树干，像那上了年纪的母牛

静静地待着

妈妈

拜托了，把去年的大衣

寄给我吧

有破洞就补一补

纽扣掉了就钉一钉

把那件让我怀念的大衣

寄给我吧

——《去年的大衣》（吴菲 译）

1935年，新美南吉和交往好些年已谈婚论嫁的家乡恋人分手。《红蜡烛》与《去年的树》都写作于此时。

1936年，铃木三重吉生病去世，《赤鸟》彻底停刊。全世界陷入经济萧条和混乱，日本国内社会各界崇尚战争，充满不安。毕业后的新美南吉没能如愿当上老师，好不容易在东京找到一份需用英文的工作，终因身体虚弱，在1936年10月彻底病倒，不得不离开东京，回家休养。

03

病痛与孤独相伴的一生：在童话中追求善和美

从东京回乡养病这段时期，新美南吉忍受着外界的巨变与身体的孱弱，为病痛和孤独困扰。他读陀思妥耶夫斯基的《卡拉马佐夫兄弟》，及契诃夫、托尔斯泰等俄国作家的作品，思考"人类的利己主义与爱"。

把人的心像剥竹笋那样剥开，最里面是利己主义。在知道这个道理的那一刻，我们遇到了人生中的一大危机。也就是说，当我们知道"所有人最终都是利己主义者"这件事的时候，我们就被推进完全的孤独当中。

但是，我们不能在这里气馁。穿过这里，我们必须努力建立自我牺牲和不求回报的爱。经过这种试炼之后的爱将让我们的世界变得更美好。（新美南吉日记，1937年3月1日）

1937年，身体渐愈的新美南吉在离家不远的河和小学担任教师。这是一所可以看见海的宁静而美丽的小学。夏日雨季，学校被雨声和海浪声笼罩。他和同事山田梅子约会，再次体会恋爱的意义。

在写给东京友人、一直支持鼓励着他创作的巽圣歌的信中，新美南吉写道：

从4月开始，我在海边小镇河和当代课老师。从半田坐火车向南行驶30分钟，到达终点，可以听见那里的海浪声。这就是河和，一个美丽宁静的地方。……在这里，我享受着短暂的幸福。我原先不知道，在这样的地方竟会有这样的幸福。

原来，活着并不是一无是处。

1937年6月5日

短暂的夏日幸福后，新美南吉又去了一家向海外推广畜牧食品的工厂工作。因工作繁重和身体情况,年底就辞职了,和恋人山田梅子的关系也走到了尽头。

从 1938 年开始,直到去世前的 1943 年,这五年他都在家乡的安城高中女子学校担任教师。原本是受到中学时的恩师委托才开始的工作,"女校教师"这个职业称谓似乎也让他颇有些难为情,但这份工作给了他坚定的支撑和温暖的安慰。

他在学校教授英文,当班主任。尽管以教书为生,他仍坚持自己的身份首先是创作者。他写诗,也带领学生一起写诗。"没有什么比写出一首满意的诗更令一天开心的。"

1941 年,他还在《早稻田大学学报》发表名为《关于童话中故事性的丧失》的文章,坚定地阐述了自己的创作理念。战争日益激烈,在全国上下都宣扬"男儿战死沙场最光荣"时,坚持着遵循本心的童话和诗歌创作,需要更强大的意志和勇气。

生活安定下来——尽管依然贫穷,他有了与当时的恋人中山千惠结婚的念头。

值得一提的是,早在他中学创办《猎户座》文学杂志时,中山千惠就已是他的读者。但 1940 年 6 月,中山千惠在青森意外去世,亦有是自杀的说法,当时新美南吉和她的关系已不那么亲密。新美南吉在她的葬礼大哭一场。

> 因为没有被爱过,所以不知道如何去爱,没有被加热过的物体怎么会变热呢?同样地,孤儿无论是孩提时还是成人后,都是不幸的。(新美南吉日记,1941 年 1 月)

即使依然为病痛、孤独与死亡困扰,他也从未停止自己的创作。

乡间宁静美丽的风景、与朴素的农人和学生们的交往，给他的创作和生活带来坚定的支撑和鼓励。他这一时期的故事背景多为乡村，有了更多现实主义色彩。

在《花木村和盗贼们》里，盗贼首领抱怨自己底下的小盗贼们过于软弱和善良，没法对村民下手偷抢东西，决心以身作则，去村子里大干一番。这时，一个似乎在玩游戏的小孩过来喊着叔叔，将一头牛交给了他，拜托他帮自己牵一下。小牛很乖，就待在了他身边。——盗贼大笑，"我回去可以和弟子们炫耀，我什么也没干，就已经偷到了一头牛。"笑着笑着，眼泪却扑簌簌落了下来。

他也不明白自己为什么会哭。

被爱过的人才懂得什么是爱。盗贼分明想起自己是孩子时，曾有过这样纯净的心情，只是在长大成人的路上慢慢变得肮脏，"仿佛穿上了一件脏兮兮的衣裳"。如今落泪，是因为终于又体会到，被人信任是多么快乐的事。

1942年，在好友巽圣歌的支持下，新美南吉的第一本童话故事集《爷爷的煤油灯》由东京有光社出版。故事终于变成了装帧精美的书，他在给巽圣歌的信中分享了自己的喜悦。

1943年年初，新美南吉病重，卧床在家，夜晚仍就着油灯写作。

在《小太郎的悲哀》中，小太郎抓到了一只金龟子，走遍村子，却找不到可以陪他一起玩的伙伴。安雄的爸爸对小太郎说："安雄从今天起就是大人了，不能再跟小孩子玩了。小孩子还是去找小孩子玩吧。"

小太郎慢吞吞地离开。心里涌起一阵深深的悲哀。

一旦进入大人的世界，就不可能再回到孩子的世界了……这里已经没有任何希望了。小太郎心里的悲哀像天空一样宽广和深邃。有些悲哀可以哭，哭了就会消失。有些悲哀却无法哭，即使哭出来或者怎样，它们都没办法消失。

预感到死亡的他，在给学生的一封信中阐述了这样的愿望：

即使我的肉体消失了，只要你们中的一小部分人（无论多么小的一部分）长久地记得我、培养热爱美好事物的心，我就永远活在你们的心中。（1943年2月9日）

3月22日，新美南吉因结核病去世。去世前两周，他将未发表的作品委托给了在东京的巽圣歌，写下最后一封信：

好想快点看见童话集啊。
如今就只想着这一件事。（1943年2月8日）

04 新美南吉的儿童文学观

日本儿童文学界有"北贤治，南南吉"的说法。新美南吉也有"日本安徒生"之誉。安徒生和宫泽贤治都是给新美南吉生前带来力量的儿童文学作家。某种程度上，他们三人很像——终生独身、没有孩子、贴近童心与乡土自然的创作主张、作品久经考验并获得一代代孩童读者喜爱。

1933年，新美南吉将"儿童"比作"昆虫"，阐述自己"童心主义"的写作理念：

> 我们深入昆虫的内部，变成昆虫吧。我们去过昆虫的生活吧。在空中飞舞，在地上爬行，在树叶上歇息吧。在我们的心灵中发现昆虫也可以。去发现潜藏在我们心灵的某处，像星星一样闪烁的昆虫吧。
>
> 不是追求外部，而是探寻内部。丢弃昆虫的客观，获得昆虫的主观。用昆虫的视觉去看，用昆虫的听觉去听，用昆虫的嗅觉去嗅，用昆虫的触觉去感受。把通过这些器官获得的东西，用一个观念加以整理。
>
> 从昆虫蜕变而成的我们以"成人"的观念发挥作用时，就在整理的时候。而且正因为成人的观念在整理上发挥着作用，我们的作品才和孩子的作品具有不同的意义。

这也契合北原白秋等人阐述的"童心主义"理念。童心并非指真正的儿童的心性，而是成人写作者在写作中努力贴近儿童心性，达到的"思无邪"的理想状态。

新美南吉的创作较《赤鸟》早期偏浪漫主义的创作以及小川未明等人的儿童文学观，又更进了一步。他非常强调作品的"故事性"和可读性。早在新美南吉作为小学老师和孩子们打交道时，就很在意孩子们听故事时的感受。

当一个孩子倾听时，他不认为这是一个故事。他认为所有的人物和情节都是真实的。他们的聆听方式令人惊叹，是用所有的器官、感官和精神，在欣赏故事。（新美南吉日记，1937年1月）

新美南吉去世后，他作品的生命力日益显现。1970年，《新美南吉全集》出版，在日本儿童文学界，可以出版全集的作者寥寥无几。新美南吉出生的爱知县建立了新美南吉纪念馆，游客可以体会新美南吉当年散步的乡间路，馆内还还原了"小狐狸买手套"时的场景。以他的名字命名的"新美南吉儿童文学奖""新美南吉童话奖"也成为日本儿童文学界的重要奖项。

在全世界为疫情所困、充满不确定性和不安的时候，新美南吉纪念馆发起号召大家朗诵童谣《明天》的活动，希望这首新美南吉写作于十九岁、最早发表于《赤鸟》的童谣可以给大家带来明亮与希望。

　　如同花园一般等待着。
　　如同节日一般等待着。
　　明天在等待着我们。
　　草的芽，
　　黄牛，瓢虫。
　　明天在等待着我们。

　　明天　虫蛹将变成蝴蝶。
　　明天　蓓蕾将变成花朵。

明天　鸟卵将变成雏鸟。

明天在等待着我们。

就像清泉涌动着。

就像灯盏点亮着。

　　　　　——《明天》

文/王铭博

写《姆咪和大洪水》的
托芙·扬松

从童话世界"姆咪谷"出走的岛屿隐士

托芙·扬松（Tove Jansson，1914—2001），瑞典裔芬兰人，插画家、作家。她创作了多部姆咪系列的童话故事、绘本及连环画。凭借姆咪系列故事，托芙·扬松获得了世界性的广泛声誉。

　　托芙·扬松创作的姆咪系列故事向读者展示了一个充满真诚、善良和美的新奇世界。姆咪的形象也深受世界各地孩子的喜爱。

《姆咪谷的夏天》封面，〔芬兰〕托芙·扬松著，任溶溶译，99童书出品，人民文学出版社，2018年3月

姆咪（Moomin，也译作姆明）是芬兰作家托芙·扬松创作的一系列童话故事的主角。姆咪一族身形圆润，有着大大的鼻子，住在芬兰森林的姆咪谷里。这是托芙·扬松创造的乌托邦，依据芬兰的风光而建。这个小世界既安全又危险，即使总有不可捉摸的威胁和灾难，但是在姆咪家族勇敢地经历冒险后，依旧有宁静的家园等着他们归来。

托芙·扬松坚信，在给孩子的故事中，可以有恐惧、灾难、惊险，只要确保在最终给孩子一个完满的结局，这些痛苦的东西就无法真的伤害到他们，反而变成了一种乐趣。

1945年托芙·扬松的《姆咪和大洪水》出版，此后她成为一名专业儿童文学作家，创作了多部姆咪系列的童话故事、绘本及连环画，并获得多个奖项，姆咪的故事也被认为代表着芬兰精神。

1993年以姆咪为主题的公园"姆咪世界"在芬兰的楠塔利开园。2019年日本的姆咪主题公园正式开幕。姆咪也被改编成大受欢迎的动画片，其形象被制成众多大众产品，包括文具、玩具及饰物等。因其取得的文化成就，托芙·扬松的头像曾两次出现在芬兰纪念币上，2014年还出现在普遍流通的2欧元纪念币及芬兰邮票套装上。

2023年6月是托芙·扬松逝世二十一周年，我们将走进托芙·扬松的创作人生。她曾在饱受战争蹂躏的赫尔辛基过着艺术家的生活，也在离开"姆咪谷"后去往芬兰湾偏远岛屿成为一名隐士，下文中提到的多本姆咪主题的童话故事书都是她人生经历的另一种呈现。

姆咪系列故事，中文版本由99童书引进。

01 创作的信念与女性的自我意识

托芙·扬松是姆咪的创作者,她凭借姆咪主题的作品获得1966年的"国际安徒生奖"(作家奖)。除了童书作家,扬松还是油画艺术家、戏剧创作者、漫画家和短篇小说家。

从十四岁起,扬松创作了近七十年,她在不同的领域间轻盈跳跃,旺盛的创作力贯穿一生。"工作与爱"是扬松人生的座右铭。需要说明的是,"工作"对于从小有坚定艺术信念的扬松来说,等同于"创作"。在扬松的藏书票上,"工作与爱"同姆咪一样显眼,而企鹅出版社出版的扬松传记,正是以"工作与爱"命名。

一位把"创作"放在第一位,"爱"放在第二位的女性艺术家,如何在近九十年的一生中保持源源不断的创作生命力,并有选择地构建自己的生活?这要从扬松的童年说起。

1914年,托芙·扬松出生于芬兰首都赫尔辛基的一个艺术家家庭。父亲是雕刻家,母亲是画家,扬松是长女,有两个她疼爱的弟弟。扬松家共享"艺术即是工作"的价值观念,并以这样的态度生活和保持热情。扬松和两个弟弟带着强烈的要成为艺术家的信念长大,并坦然地认为这是度过每一天和自己存在的理由。

作为艺术家家庭,扬松家的生活是拮据的,但在金钱和物质方面,他们秉持着艺术家的修养——托芙·扬松的毕生好友维维卡曾说:"托芙是个有素养的人,因为她对不是艺术家的人都采取怜悯的态度。"这种对待贫穷和艺术的态度缓解了金钱带来的困境。

托芙·扬松是看着母亲汉姆的创作长大的,关于儿时她与母亲之间的关系,她的传记《童话人生》中是这样描述的:

> 母亲工作勤奋,小姑娘看到母亲在家里一个小时连着一个小时地画画,这让她形成了一个信念,似乎墨水、画笔、画纸与女人的生活是密切地、自然地连在一起的。

在扬松家,从没停止过创作的母亲汉姆是家庭经济的主要来源——从事艺术性雕刻的父亲无法保证稳定的收入,同为艺术家的汉姆放弃了绘画的纯艺术道路,创作更容易赚钱的邮票、插画等"工艺品"支撑家庭。在当时的芬兰,女性成为家庭的经济支柱是非常罕见的,因此,汉姆还曾作为封面人物,怀抱扬松一起登上女性杂志的封面。但同时,汉姆为家庭做出的妥协也让扬松从小就意识到,女性艺术家在家庭中做出的牺牲是沉重的。或许这也是她终生将"创作"优先于"爱"的理由之一。

02

战争带来的匮乏感与绘画创作的瓶颈

对托芙·扬松来说,爱是赤裸坦白的感受和情感,是与自我紧密相连的创作动力。她曾说:"我相信,画布、静物画、风景,不管是什么，最深之处都是自画像！"

在 1939 年冬季的战争来临之前，这位年轻的艺术画家用从母亲那里习得的勤奋不断地创作，并在芬兰崭露头角。她画静物、自画像，也画心爱的情人——强烈的爱占据着她年轻的身体。在一封给朋友的信中，她提出了一连串问题：

> 会不会有一天我能爱？
> 我会不会全身心地爱？
> 我是不是有能力依靠我的艺术给人们以某种东西？
> 我是不是有一天能使我自己幸福？
> 在生活和艺术中什么是最重要的？

1939 年 11 月 30 日，苏联对芬兰发起进攻，冬季战争开始。1941 年 6 月 25 日，继续的战争摧毁了和平的生活，直到 1944 年 9 月 19 日，芬兰才在废墟中迎来和平。

战争带来了强烈的不安、离别、饥饿和无法缓解的创伤，扬松的犹太密友、摄影师爱娃离开芬兰逃亡美国，而扬松心爱的弟弟上了战场。在给一位朋友的信中，扬松写道：

> 曾经最重要的一切都变成了多余之物。它们将世界铸就成另外一个样儿。不是的，是我们把世界变成了另外一个样儿，那儿再也找不到我的位子了。作画总是辛苦的，但现在的问题是我没有心思，因为战争……到处都在打仗，整个世界处在战争之中……有时候我觉得，困扰着国家的压抑气氛压迫着我，威胁着我，把我炸得四分五裂。

从来没有这样，同情与苦恼交混在一起，爱与恨交织在一起，生的希望——就是说，尽管发生了一切，也要过真正的、有尊严的生活——与爬着逃出去摆脱困境的愿望交会在一起。

扬松躲在她的工作室里，努力维持她的生活。她画一些色彩明亮的鲜花，画一些自画像，还画一些反战、反法西斯的插画。但这些都不足以带给她一直追索的辉煌与希望。很久以后，她曾以姆咪的口吻说："我只想过平静的生活，种点土豆，做几个美梦。"

1942年，扬松创作了名为《家庭》的油画，画面上描述了从战场短暂归来的弟弟和家庭中笼罩着的痛苦氛围。压抑充斥着这个艺术家家庭——"家成了一口无声的井，人人都把自己的思想禁锢起来了"。

扬松对这幅油画寄予了很高的期待，但得到的反响却令她失望。画面中存在的叙事性某种程度上彰显了讲故事对她的深深吸引力，但这种叙事性在纯艺术绘画的领域并没有受到认可。

除了油画创作，在战争期间，扬松还有另外一重身份：她是《卡姆报》供稿最多的插画创作者。在当时芬兰全国亲德的大趋势下，扬松以本名在报纸上发表反战、反法西斯的讽刺画，其中需要的勇气无法估量。《卡姆报》甚至收到法院的传票，受到的指控是其对希特勒的讽刺"伤害了一个友好邻国的首领"。

扬松曾在采访中说："从根本上讲，我是艺术画家，但在20世纪40年代初，在战争期间，我觉得自己完全失去了希望，于是开始写作童话。"

03
童话一定得继续：战争期间开始的姆咪创作

现实生活被战争击碎，绘画提供的安慰已不足够，扬松转向童话故事，寻求姆咪家庭的庇护。

童话一定得继续，不能什么都没有。我要保护自己，但不拿王子和公主说事，也不靠小孩子，而是从我的讽刺画中挑选一个愤怒的标志性形象，我把"他"叫作姆咪小精灵。我的半完工的故事到了1945年就被遗忘了，当时我的一个朋友说，应该把它写成一本童书……

1942年左右，在作为报纸总编辑的男友阿托斯·维尔达宁的激励下，二十八岁的扬松拿起笔，开始创作姆咪的第一本小说《姆咪和大洪水》。这个故事显然是对残酷战争的回应。一场大洪水将姆咪一家分离，姆咪妈妈怀着家人终将团聚的信念，带着姆咪和其他小动物踏上旅途，去寻找姆咪爸爸。

在个体无法抵御的大灾难中，爱的力量被扬松凸显出来。哪怕家庭被灾难

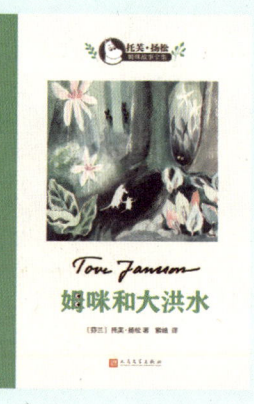

《姆咪和大洪水》封面，[芬兰]托芙·扬松著，柴岫译，99童书出品，人民文学出版社，2018年3月

击碎，人们也能克服重重困难，靠自身人性的力量重新团聚。

在这本书的插画中，姆咪的形象也与人们印象中圆滚滚的可爱角色大相径庭，甚至带着些许恐怖的氛围。这一方面与灾难的主题有关，另一方面，姆咪从最初被创作出来就是扬松的梦魇。

早在扬松十四岁的时候，她就在度假的海岛小屋的墙壁上画了一个长得像哲学家康德一样的鬼怪——姆咪。在当时的扬松眼中，姆咪是怪异的像鬼一样吓人的家伙。是漆黑的夜将他们从潜意识的阴暗势力中释放出来，他们是人类的某种守护神。直到20世纪30年代，姆咪形象都是骇人的，像是醉鬼在夜路上见到的鬼怪，出现在扬松的插画中。

扬松的第二本姆咪故事《姆咪谷的彗星》同样是对战争灾难的回应。姆咪和小吸吸去森林里探险开拓未知的小路，并渐渐发现彗星即将撞击地球的各种预兆，于是他们一起踏上去天文台的路，想弄明白到底会发生什么。在路上，他们结识了潇洒的游荡者小嗅嗅，姆咪的女朋友斯诺尔克小姐……这些重要的角色在之后的故事中一再出现。

和第一本姆咪故事一样，灾难仍然是主题，彗星果然在飞速撞向地球。姆咪和伙伴们在彗星

《姆咪谷的彗星》封面，[芬兰]托芙·扬松著，徐朴译，99童书出品，人民文学出版社，2018年3月

抵达前赶回家，一家人和朋友们躲进山洞，把涂了神奇防火油的毯子挂在洞口，希望能将灾难阻挡在外。这样的情节极其直白地展现了战争中人们面对空袭时躲在防空洞的体验。

>他们全都扑倒在地，挤成了一堆。灯熄灭了，他们处在一片漆黑之中。那彗星正在一头撞向地球。时间正好是八点四十二分零四秒。一股气流就像是一百万颗火箭同时燃放，震得地动山摇。（《姆咪谷的彗星》）

在最紧张的一刻，彗星与地球擦肩而过，灾难绕了个弯，离开了姆咪谷。

"妈妈，"姆咪特罗尔说，"是不是全都过去啦？""是的，过去啦，我的姆咪特罗尔，"他妈妈说，"现在一切都好了，你们也该睡觉啦。"

扬松坚信，在给孩子的故事中，可以有恐惧、灾难、惊险，只要确保在最终给了孩子一个完满的结局，这些痛苦的东西就无法真的伤害到他们，反而变成了一种乐趣。她在"国际安徒生奖"（作家奖）获奖感言中提及了孩子会把灾难当成冒险的智慧——

>我想，只有孩子，才能将日常事物激起的兴奋和面对怪异不慌不忙的安全感完美地平衡起来。这是一种平凡的自我安慰的方法，把威胁和烦琐都不当一回事。

扬松不仅通过创作童话来舒缓自己的恐惧，她还重获孩子的视角，拥有孩子玩味有余的态度，让自己在绝望的人道主义灾难中不至于被彻底击垮——一切灾难都只是场冒险，美好的结局就在眼前。

除了讲述了灾难故事与美好的结局，扬松也描述了姆咪一家标志性的幸福生活——他们住在蓝色的像尖塔一样的房子里，随时准备好开门迎接朋友，姆咪爸爸忙着写作，姆咪妈妈温和地照顾一切。

家庭，是扬松安全感的核心来源。她在"国际安徒生奖"（作家奖）获奖感言中如此讲述她心中的安全：

> 安全存在于某种熟知的、重复的，如走廊上的晚茶和给钟表上发条的父亲，总是这样的。父亲可以不断地给钟表上发条，永远永远地上发条，因此这世界就不会被毁灭，无论怎样可怕的诅咒也毁灭不了它。

当得知彗星将在姆咪谷与地球相撞后，姆咪爸爸妈妈依旧选择留在家里正常生活，等待姆咪回来，他们也相信姆咪会回来。在灾难面前，爱尤其重要——握住所爱之人的手，能放大共有的勇气。

1944年，在托芙·扬松三十岁的时候，和平终于降临。同故事里的姆咪一家一样，扬松迎来了美满的结局——灾难没有将所爱之人夺走，她的弟弟与恋人都从战场平安归来。这位年轻的艺术家不知道，她已开启了人生中最成功的事业。

04 姆咪商业上的成功与托芙·扬松的抉择

扬松为自己写作,她也同孩子们一样需要冒险、玩耍、发脾气、被安慰,还有爱。她在 1948 年写道:"应该是这样的,我是一个一生都很不合群并且非政治的画家,是一个只画柠檬、写童话、收集稀奇古怪的小物件和各种有趣事、远离群众集会和社团的个人主义者。看起来十分可笑,然而我就要这样的生活。"

1948 年,她的第三本姆咪故事《魔法师的帽子》出版,这本书的成功为扬松的姆咪吸引了各方的目光。与前两本战争中创作的故事相比,《魔法师的帽子》一扫灾难带来的压迫感。那是因为在战后重建的生活中,扬松的心也在不断地恢复活力,她享受着和平,并有了新的、秘密的爱情。

姆咪和伙伴们在玩耍的时候,发现了一个神奇的帽子,他们把帽子带回家,却发现这是一顶魔法帽子——倒进去水,流出来木莓汁;丢进去鸡蛋壳,飘出来柔软的云。而有两个小小的、说着只有他们自己听得懂的语言的小动物提着一个神秘的手提箱,来到了姆咪谷……

对于姆咪故事来说,拥有友谊的"家庭"是从始至终的主题。姆咪家庭由这些人物组成——喜欢航海和写回忆录的姆咪爸爸,能把一切麻烦都解决掉且喜欢吹口哨的姆咪妈妈,有时勇敢有时敏感的姆咪,吹着口琴喜欢独自旅行的小嗅嗅,随时会咬人一口且有很

《魔法师的帽子》封面，〔芬兰〕托芙·扬松著，任溶溶译，99童书出品，人民文学出版社，2018年3月

多点子的小咪咪，胆小又喜欢收藏各种值钱玩意的小吸吸，还有姆咪的女朋友——喜欢珍珠和贝壳的斯诺尔克小姐。

这一家子很好客，姆咪爸爸和妈妈在姆咪之外，还给许多小动物铺上了软软的床铺，把它们变成了家庭的一员。

姆咪一家有一个更了不起的特点，他们有无限的玩乐精神。在《魔法师的帽子》中，姆咪妈妈不小心把收拾出来的一团有毒粉红色植物丢进帽子，一座森林从帽子里长出来，笼罩在姆咪家房子上！当大家都发现这一失误造成的魔法后，他们是这样做的：

这是一个激动人心的下午。他们玩起了森林游戏。姆咪特罗尔扮演人猿泰山，斯诺尔克小姐扮泰山的爱人珍妮，小吸吸扮泰山的儿子，小嗅嗅扮猩猩契塔……姆咪妈妈十分镇定。"很好！很好！"她说，"我觉得咱们的客人们玩得很快活。""但愿如此。"姆咪爸爸回答说，"请给我根香蕉，亲爱的。"就这样，他们一直玩到傍晚。没有人在乎地下室的门是不是给植物封住了……

姆咪一家这种面对失序具有玩乐精神的态度也是扬松提笔创作儿童文学的原因之一：

> 快乐并非是写童话的动力。或许人们是在试图摆脱不必要的沉稳的时候才写童话的，因为在成年人的社会中顽童气根本无法存在，或许人们在描述一种正在消失的东西。你尽可以靠写作来拯救自己，借此重返那个没有责任没有管制的想当然的世界。

"爱"同样是贯穿这个故事的主题。姆咪在捉迷藏的时候钻进了魔法师的帽子，变成了奇怪的小妖怪而不自知，面对伙伴们的陌生，他以为在玩角色扮演游戏，说自己是加利福尼亚的国王，并说姆咪（也就是他自己）的坏话，伙伴们捍卫姆咪道："这个丑国王诋毁我们的姆咪，赶走他！"他们一起向可怜的姆咪特罗尔扑过去。

这并不是一个考验，姆咪不知道自己变了模样，但从读者的角度来说，姆咪的伙伴们对姆咪的捍卫实在动人——所有的大人小孩，都应该捍卫自己的伙伴并采取行动，不是吗？

而故事并没有在这里结束。

姆咪妈妈来了，姆咪发现了自己被魔法帽子变了个样："难道没有一个人相信我吗？"姆咪哀求说："你仔细地看看我吧，妈妈！你一定能认出你的亲生儿子小姆咪的！"姆咪妈妈仔细地看。她盯着他那双惊恐的眼睛看了半天，然后安详地说：

"对,你就是我的姆咪特罗尔。"

就在这时候,他开始变样了。他的耳朵、眼睛和尾巴开始缩小,他的鼻子和肚子开始长大,一直到最后,他又恢复成老样子。

"现在好了,我的小宝贝,"姆咪妈妈说,"瞧,不管发生什么事,我都能把你认出来。"

读到这里,会让人感觉到从头到脚的安全和舒缓。

这一本姆咪故事为扬松打开了新的局面,《魔法师的帽子》远超出版商的预期,畅销起来,并卖出了其他语种的版权。它还被搬上舞台,作为话剧上演。扬松改编剧本,设计舞台装置,快乐地参与到新形式的创作中。对于这时的扬松来说,创作姆咪故事是对自己生活的回应——她完全带着玩乐的心情把生活里发生的大小事情融入姆咪谷。童书的创作并没有绘画艺术那么重要。

1950年,《姆咪爸爸回忆录》出版。这本书可以看作姆咪和

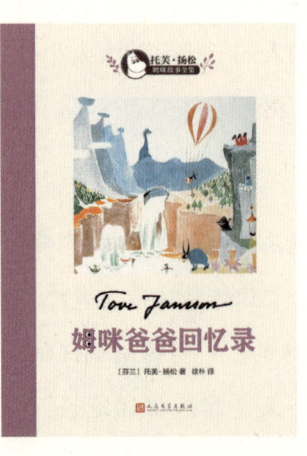

《姆咪爸爸回忆录》封面,[芬兰]托芙·扬松著,徐朴译,99童书出品,人民文学出版社,2018年3月

他的伙伴小嗅嗅、小吸吸的家谱，姆咪爸爸回忆起和老朋友们一起海上冒险的经历，故事带有回忆的淡淡伤感，还有重新想起令人快乐的辉煌时刻的激动。

四年后，和话剧舞台有关的《姆咪谷的夏天》出版，其灵感显然来自扬松积极参与的姆咪舞台剧经历。

姆咪的故事在芬兰给扬松带来一定声誉，但影响力还是有限。不过，姆咪的故事给了扬松的男友——报纸《新时代》主编阿托斯灵感，他让扬松开始创作连环画，发表于报纸的儿童版，并认为扬松的连环画应该拿到国际上发表。

阿托斯的直觉是对的。1952年，英国报业垄断集团之一的联合报业集团向扬松订购合约为七年的姆咪漫画。扬松得到的开价很高，一直为钱烦恼的她很开心："每周只要画六幅连环画，就不再需要做白痴般的小画，与麻烦的同事争吵，画母亲节贺卡……"

贫穷的艺术家终于过上了金钱上有余裕的生活，她装点自己的工作室，经常离开芬兰去欧洲各国，配合报业公司参加大型的宣传活动。1954年，当时世界上发行量最大的报纸——联合报业集团旗下的《晚间新闻报》——正式刊出姆咪连环画，又将版权卖出，姆咪连环画在四十个国家的报纸上连载。扬松的漫画是杰出的，同其他创作一样，她将生活中的思考融入其中。扬松凭借强大的报纸媒介和自己的才华，通过漫画赢得了国际声誉。

不过，漫画的创作并不像为自己写作姆咪故事那样随心所欲。报业提出许多要求：在连环画的三四格中必须快速发生很多事情，情节要错综复杂，但难题会在次日解决。故事总得幸福美满地结束，即便境遇艰难，也要将它解决，人人都要健康地活着……

成功与金钱带来的喜悦很快变成了压力。扬松一刻不停地批量生产新故事，要达到报业的要求，需要耗费大量脑筋。而报纸严格、密集的创作周期压榨着她，她背负着不断变大且毫无尽头的压力。

　　更糟糕的是，她不仅没有时间创作油画、壁画，没有时间写姆咪小说，甚至连个人生活都被紧张的工作节奏打乱，"我一幅画都不画，不写书，不与朋友见面，甚至就只自己一人静坐"。就连姆咪谷也不再是扬松的安全山洞，扬松自我缩在姆咪这一全世界知名的可爱形象后面，渐渐失去了自己的声音。

　　扬松想要重获自己作为艺术家为自由发声的权利。1959年，她向联合报业集团提出解约，信中她这样解释创作漫画对她精力的消耗：

> 在这段时间里，我同姆咪小精灵的生活犹如老旧的婚姻那样维系着。很久以来，肯定你已明白，我想与他分离……很久以前，我同作曲家迪安·狄克逊交谈过，他说：托芙，你得小心，人们很快又会把你看作一个想当艺术家的连环画制图员了。当时我是艺术家，同姆咪只是玩一玩，每星期天我总是要画静物的。现在，我是带着有点像是仇恨的情感画姆咪的……我再也不想画连环画了。

　　扬松果决地结束了令她名声大噪的漫画创作，开始重新享受自由创作的生活。一位艺术家的创作生命力并不会被彻底磨损，只要她能勇敢地做出取舍。更何况，多年的漫画创作为她解决了经济上的窘迫，她彻底翻新了工作室，"换上了新门窗，安装了暖气片，给外墙加了保温层。除此之外，她还建造了一个大阁楼，那是几乎相当于半个住房大的二楼"。

这是一位已然成功却果断放弃，只想拥有自己房间的女性艺术家，她很清楚自己能创作什么，要过什么样的生活。

05 真正的独立、安徒生奖与故事的尾声

虽然姆咪的故事从洪水和彗星这样的灾难开始，姆咪却始终和家人还有伙伴一起面对。在《姆咪谷的冬天》中，姆咪第一次独自面对陌生的世界，实现真正的独立和拥有了明确的独立自我。

在故事中，姆咪从冬眠中独自醒来，独自在令人惊异的寒冷中面对被皑皑白雪覆盖的姆咪谷。

姆咪特罗尔一下子觉得害怕起来，在那道月光旁边的黑暗中猛地站住。他觉得太孤单寂寞了。"妈妈！醒醒！"姆咪特罗尔叫道，"整个世界都失踪了！"

走出姆咪家的姆咪遇到了新的伙伴，属于冬天的哲学家小嘟滴。这个伙伴与姆咪以往的伙伴不同。

《姆咪谷的冬天》封面，〔芬兰〕托芙·扬松著，任溶溶译，99童书出品，人民文学出版社，2018年3月

小嘟滴耸耸肩。"一个人必须靠自己去发现一切，"她回答说，"还得独自战胜困难。"

《姆咪谷的冬天》出版于1957年，创作于扬松被漫画创作缠身的阶段。她走入与以往生活截然不同的"成功"的世界，同时对一切分身乏术。故事中出现的小嘟滴，以扬松的终身伴侣图蒂奇为原型，就像小嘟滴的出现让姆咪学会在冬天里生活同时保持自己的独立性一样，图蒂奇也陪伴着扬松，让她在名利的世界中，保持住了自己的自主性。

而姆咪，也确实做到了，他度过了冬天，迎来了春天。不过成长的感觉和预想的并不一样：

他本以为春天会把他从一个充满敌意的、奇怪的世界里解救出来，可春天实际上只是让他继续着那种新体验，只是让他继续觉得自己已经克服了许多困难。

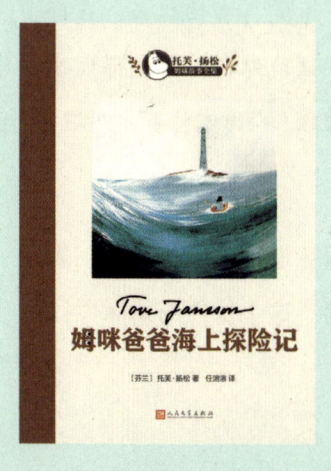

《姆咪爸爸海上探险记》封面，[芬兰]托芙·扬松著，任溶溶译，99童书出品，人民文学出版社，2018年3月

接下来的一本姆咪故事《姆咪爸爸海上探险记》直到 1965 年才与读者见面。这时，扬松已和图蒂奇开辟了一块属于他们的礁石小岛，在这个"隐私、偏远、亲密，没有桥梁或围栏的圆形整体"上生活。扬松彻底逃离了名利的世界，才能带着信任重归姆咪谷。

在《姆咪爸爸海上探险记》的题献页，扬松写道："献给所有的父亲"。这正是一本纪念自己父亲的书——扬松的父亲法范在 1958 年去世。在这个故事中，姆咪爸爸带着全家人离开姆咪谷，来到被大海环绕的礁石灯塔小岛，一家人用各自的方式对抗大海中的孤独。

1966 年，扬松获得了"国际安徒生奖"（作家奖），一直为自己写作的她进一步意识到她的作品对儿童的价值，她在发表获奖感言时说：

> 这项奖励对我来说是多么重要。重要，是因为我一直有点担心，担心自己能不能给孩子们最适合他们的故事。我担心我是在欺骗我的读者，因为我其实是在对我自己讲故事。现在我放心了，我要感谢评委会和理事会为我的写作带来了新的快乐。或许你们还给了我一把打开迷人的儿童世界的钥匙，这个世界随着我们变老而愈来愈离我们远去。

但奖项本身也给扬松带来了压力——写作再也不是玩一玩的事情，而是和画画一样重要的事业。

1968 年，扬松的姆咪短篇故事集《姆咪谷的伙伴们》出版，她对这一本的文学性倾注了心血。成稿后，她给朋友过目来确认其

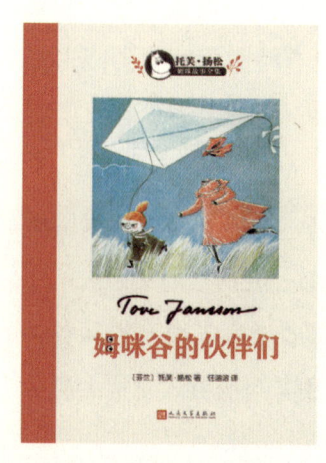

《姆咪谷的伙伴们》封面，[芬兰]托芙·扬松著，任溶溶译，99童书出品，人民文学出版社，2018年3月

《十一月的姆咪谷》封面，[芬兰]托芙·扬松著，徐朴译，99童书出品，人民文学出版社，2018年3月

价值。

头几本作品我是怀着业余爱好者无所顾忌的喜悦心情写出来的，一到开始感到写书与作画具有同样重要的意义时，我就觉得越来越困难了。

这一册故事也确实极具文学性。作家的才华和心灵都闪耀着光彩。

1970年，扬松创作了《十一月的姆咪谷》。这是最后一本姆咪故事书——在书写这一册故事的时候，扬松的母亲汉姆已患重病。

这一册故事也是悲伤的：在11月，不同的人来到姆咪家寻求安慰，却惊讶地发现姆咪一家不在家……他们在空荡荡的姆咪谷等待那一家人回来，下意识地模仿着他们所渴望的生活。

在这一册故事中，出现了一个叫托夫勒的角色，他害羞、寡言、没有存在感，极度想获得姆咪妈妈的安抚：每天晚上，他给自己讲一个在姆咪谷里发生的幸福家庭故事，哄自己睡觉。扬松喜爱托夫勒，她曾表明，托夫勒是面临母亲慢慢逝去的她自己——她也蜷缩在从没有出过海的船中，一遍一遍地给自己讲述幸福家庭的故事。

甚至，托夫勒也是她心中读者的缩影：

如果要求将我的故事交给某个特定的读者，那大概会给头脑很快发热的人。这里我指的是那些对生命都难以适应的人，那些置身事外或者待在边缘的人……害羞的人。

在故事的尾声，聚集到姆咪谷的人们纷纷离去，只有托夫勒等到了最后。他看到了海上一艘小船上遥远的灯光，觉得自己看到了姆咪一家的影子，他奔跑着，去迎接姆咪一家的归来。故事在这里戛然而止——没人知道姆咪一家是否真的回来了。

在现实中，扬松没有再提笔创作姆咪故事。对她来说，母亲去世了，姆咪谷也就消失了。在结束姆咪故事小说的创作后，五十六岁的扬松开始创作成人文学。她创作了与母亲有关的《夏日书》，与父亲有关的《雕刻家的女儿》等小说。在八十四岁时她出版了人生最后一部著作《信息：1971—1997年短篇小说选集》。至此，她创作了七十年。

扬松童话般的人生，不仅有创作的果敢与坚持，还有动手构建生活的行动力。1964年，扬松和图蒂奇一起，选择了一块无水无电的礁石小岛，从头开始建造木屋。那时她已经解除了漫画合约，厌倦了姆咪。

逃离已有生活的心情被扬松写在了《姆咪爸爸海上探险记》的开头："8月底的一个下午，姆咪爸爸在他的花园里走来走去，有一种失落感。他不知道如何是好，因为要做的事情不是都已经做好就是有人在做。"扬松需要远离商业上的成功带来的喧嚣与迷茫，重新建造自己作为艺术家的生活。

扬松的克劳夫哈鲁（Klovharun）是芬兰海湾的一座面积约为6000平方米的礁石小岛。它与世隔绝、自由、孤独、大风呼啸、一片荒芜，甚至没有足够的土壤让树木生长。

但扬松很兴奋，就像在《姆咪爸爸海上探险记》中姆咪爸爸的感叹一样："这里有那么多的事情要做！想想吧，花一生时间把这个岛变得十全十美，像个奇迹！"

小岛很难获得建筑许可，但依据当时的法律，已经建成的建筑不能被拆除。在弟弟拉斯的帮助下，扬松的小木屋在1965年完工。它只有一个房间和四个方向的窗户，"一个人如果喜欢大浪，这正是一个适合居住的地方。坐在碎浪中间，看山一样高的巨浪来去，听大海在屋顶轰隆隆作响。"（《姆咪爸爸海上探险记》）

每年5月，扬松和图蒂奇来到岛上，度过夏天和秋天，在10月初回到陆地。岛屿的生活需要许多劳作来维持，他们出海捕鱼，砍柴生火，用油灯照明，收集雨水或从陆地上运来淡水。饮食也十分简单，硬面包、奶酪、新鲜的鱼，还有一些罐头。

扬松和图蒂奇拥有各自的书桌，两位艺术家每天规律地创作。扬松写作、画画，有时回复全世界的读者给她的信件——扬松每年手写回复近2000封信件。图蒂奇用8mm摄影机拍摄影像、画画、雕刻。他们有时候也会合作创作。这样的生活持续了近三十年，直到某天，大海的风暴不再让扬松兴奋，而是产生了恐惧：

> 最后一个夏季，发生了一件不可饶恕的事情，我开始对海产生恐惧。大浪不再意味着冒险的机遇，而是纯粹的恐惧，并且我为小船担惊受怕……那恐惧给人的感觉就像受了欺骗——

受了我自己的欺骗。

　　1992年，扬松离开了小岛，回到陆地生活，再也没回去，就像她离开姆咪谷一样。不论外界如何，永远坚持自己想要的，并果决地舍弃，这当然是一种勇气。

文 / 王铭博

写《了不起的狐狸爸爸》的罗尔德·达尔

"我害怕孩子合上书后说我写的故事很无聊"

罗尔德·达尔（Roald Dahl, 1916—1990），挪威裔英国人，杰出儿童文学作家。著名的作品有：《查理和巧克力工厂》《詹姆斯与大仙桃》《玛蒂尔达》《女巫》《好心眼儿巨人》《了不起的狐狸爸爸》等。

　　罗尔德·达尔对世界儿童文学影响巨大，多部作品被拍成电影。2000年，英国在"世界图书日"期间进行的一次"我最喜欢的作家"投票中，罗尔德·达尔高居榜首。

罗尔德·达尔的小说《了不起的狐狸爸爸》常常出现在经典儿童文学榜单中，他也有多部作品被改编成电影，包括《查理和巧克力工厂》《好心眼儿巨人》等。达尔笔下的故事幽默、热情，对自负的成年人充满讽刺。他多次被称为最受读者喜爱的作家，尽管在许多传记中，他本人并不讨人喜欢。

　　据罗尔德·达尔故事公司（Roald Dahl Story Company）的资料，达尔的作品现已被翻译成63种语言，在全球总计售出3亿册。2021年，奈飞公司收购了罗尔德·达尔故事公司，宣称将开发一系列改编自达尔作品的动画剧集，这笔交易的总价值为5亿美元到10亿美元。

　　达尔也创作过成人小说和剧本，有着情节曲折的故事和幽默的语言，发表在《花花公子》《纽约客》等杂志上，获得很多好评，但这些都不及他在儿童文学方面的成就。

　　达尔的儿童文学作品大多含有黑色幽默、古怪的情节和可怕的暴力，老师们往往是邪恶的，即使在和蔼时他们也是如此，无法传授任何真知灼见。因为某些观点被认为透露着反犹太主义，关于其作品的争议也从未停止。但剑桥大学教育学院儿童文学教授玛丽亚·尼古拉耶娃（Maria Nikolajeva）对达尔小说给小读者展示阴暗面的看法持有异议。她坚持认为，"他是最为多姿多彩、令人轻松愉快的童书作家之一"。

　　我们走近"写童书的人"——罗尔德·达尔。这篇文章的作者是一位童书编辑，她从自己的阅读体会出发，对罗尔德·达尔的评论是正面的和积极的。她说回头想想，说不定成为童书编辑就是受小时候读达尔的《好心眼儿巨人》的影响。

01
他如此狡黠，把勇气都写进惊险的情节里

翻了翻过去填写的普鲁斯特问卷，惊讶地发现自己最喜欢的作家每次都是罗尔德·达尔。我自己都没有意识到对达尔的选择如此坚定，不禁回想起第一次读达尔的体验。

那是一个夏日的下午三点，上小学三年级的我坐在窗边，一头扎入《好心眼儿巨人》的世界。我合上书时，窗外，夏天，夜幕将至，妈妈叫我吃饭，我却怎么都回不过神儿来。我感觉好极了，仿佛真的去了一个一直都存在但被忽视的世界，并觉得心里充满了力量。

我多想成为"好心眼儿巨人"，也想拥有能听到梦的声音的大耳朵，用来夜里给孩子吹梦装进玻璃罐子里。我也想高大到一步就能迈过足球场，穿着斗篷，像只黑色的大鸟一样飞翔，仅靠奔跑就能进入未知的巨人国度。

回头想想，说不定成为童书编辑，也是受了"好心眼儿巨人"影响——至少给孩子吹梦这一点是相似的。一位十四岁的美国小男孩对《好心眼儿巨人》的评价说出了我小时候的心声："这本书是

比较少有的那种'让人舒服的书',它能把你带到很遥远的地方,牢牢地抓住你的心。当你读完的时候,你会觉得自己很不错,自我感觉比读之前好多了。"

这种良好的自我感觉到底从何处而来呢?或许因为达尔的故事是对孩童的赋权。

在他的故事里,表面上弱势的孩子和老人拥有真正的智慧。他们比那些看起来强大、富有的人更能看到事物的本质,欣然接受复杂环境的变化,并在冲击中敏锐地察觉到转机,在危急关头做出富有勇气、出人意料的选择。比如《女巫》中,误入女巫大会、被变成小老鼠的男孩并没有被厄运吓到腿软,反而觉得做老鼠酷极了。他决定钻进女巫首领的房间里偷出魔法药水,让女巫们邪恶的计划失败。

狡黠的达尔很擅长写惊险的情节,当读者被恐惧抓住心脏、大气不敢喘的时候,他的角色却可以突破恐惧,做出振奋人心的选择。就像《女巫》中变成老鼠的小男孩并不只感受到害怕和悲伤,恐惧对他来说成为一种兴奋剂,他为自己全新的大计划兴致大发。

读到这里,被恐惧抓住心脏、吓到腿软的读者会惊觉:原来在胆怯、害怕的时候,抱怨不是唯一的选择,抓住转机反而会充满勇气。这样

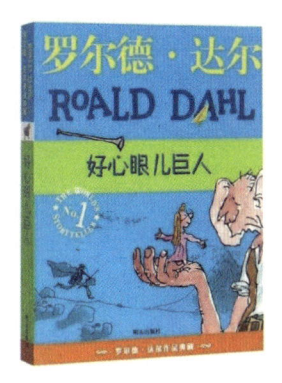

《好心眼儿巨人》封面,〔英〕罗尔德·达尔著,〔英〕昆廷·布莱克绘,任溶溶译,明天出版社,2009年3月

好心眼儿巨人把不同的梦搅拌在一起,调制成一个新的梦(图源:明天出版社)

《女巫》中的小男孩和奶奶
（图源：明天出版社）

的觉醒瞬间可以陪伴一个人很久很久，尤其当这本书的读者还是一个孩子的时候。

哲学小书《为什么长大》中的话或许能诠释达尔的故事带给孩子的阅读快感："那些看起来比你勇敢的人也像你一样害怕，他们只是在黑暗中把口哨吹得响亮一些罢了。当你明白这一点时，自信心就会增强，而这自信心本身就是快乐之源。"

达尔塑造了许多倔强、果断、充满勇气的人物，爱读书的玛蒂尔达、拿到威利·旺卡金奖券的查理等，陪伴着一代代孩子长大。达尔想要传达的信念很简单：哪怕环境再不合理，所承受的冲击再强，自己再弱小，也可以用自己的聪明脑袋瓜想出办法，做到"只有自己能做到的事"。

达尔的故事也从没被人遗忘。距离达尔生前最后一部儿童文学作品《玛蒂尔达》出版已经过去三十多年，那个酷爱读书、用魔法惩罚邪恶校长的神童玛蒂尔达的故事仍在继续。2018 年，玛蒂尔达三十岁"生日"的时候，达尔童书人物形象的缔造者、绘本大师昆廷·布莱克绘制了三版《玛蒂尔达》三十周年纪念版封面。封面上，昆廷描绘了成年后从事三种职业的玛蒂尔达，分别是环球旅行家、大英图书馆馆长、天体物理学家。

儿时读着《玛蒂尔达》憧憬未来的孩子已然长大成人，在童话故事里，时间也在流逝。那个关心世界、关心书籍、关心心灵、关心正义的玛蒂尔达，原来成了这样杰出的大人。

也许，一些儿时的梦想，仍然能在达尔的故事里实现。

02 冒险与果敢，做尽"只有自己能做成的事"

罗尔德·达尔本人与他笔下的人物一样，是十足的探险家和精力旺盛的天才。在四十五岁正式出版自己的第一部童书作品《詹姆斯与大仙桃》之前，罗尔德·达尔的人生经历就已足够传奇。他是二战中九死一生的英国皇家空军飞行员，是英国派往美国的间谍，是好莱坞的宠儿，是奥斯卡最佳女主角的丈夫，也是乖张的短篇小说家。

达尔传奇的人生经历某种程度上成就了他的童书写作——他对多元世界的体验让他可以打造一个又一个魔法奇幻的童话世界，而他本人那种为变化而兴奋、在变化事态中抓住转机的特质，也使他创作的人物能深深抓住孩子的心。

开拓和冒险精神流淌在达尔家族的血液中。1916年9月13日，

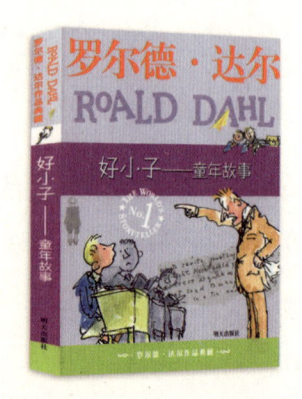

《好小子——童年故事》封面，[英]罗尔德·达尔著，[英]昆廷·布莱克绘，明天出版社，2009年3月

达尔出生于英国港口城市兰达夫的一个挪威裔家庭，父亲是来到英国创业的挪威商人。

在达尔关于童年的自传《好小子——童年故事》中，他这样形容父亲的船舶经纪人事业："船舶经纪人负责在一条轮船进港时供应它所需要的一切东西——燃料和食物，缆绳和油漆，肥皂和毛巾，锤子和钉子，以及几千种其他小零碎。"不幸的是，1920年达尔七岁的姐姐因肺结核去世，达尔的父亲被丧女之痛击垮，没多久也去世了。

当时怀有身孕的达尔母亲并没有迁居回挪威娘家，而是为了丈夫的遗愿留在了英国：达尔的父亲希望孩子们在英格兰接受教育，因为"英格兰提供的教育已经使一个小岛的居民成为一个大帝国，并产生了世界上最伟大的文学"。

父亲的去世并没有成为笼罩在达尔童年的阴影，他从强大的母亲那里获得了足够的爱、理解与支持，度过了顽皮尽兴的童年。

达尔对童年记忆深刻。他记得对骑自行车从山坡上飞驰而下、双手脱离车把的渴望，也记得在糖果店糖罐子里放了死老鼠后在校长室遭受的体罚，更记得妈妈看到他带着血痕的屁股后去学校讨个说法的坚定庇护，虽然这场妈妈和校长的争执最后以达尔转学为结局。

在达尔日后的创作中，可以看到很多童年记忆的影子。"好心眼儿巨人"在风呼啸而过时飞奔的自由感，比在自行车上松开车把的体验强烈百倍。《玛蒂尔达》中邪恶地把孩子像铅球一样转着圈抛远的女校长，显然是达尔儿时的校长原型。而达尔作品中标志性的儿童与善良大人之间的深切联结，正是他儿时母子关系的体验。

在达尔的故事世界里，孩子不是独自一人，他们身边永远有来自某位真正"好大人"坚定不移的理解、支持与爱——《查理和巧克力工厂》里是查理的爷爷，《女巫》里是小老鼠的奶奶，《好心眼儿巨人》里是索菲的巨人，而在《玛蒂尔达》里是那位年轻的女老师。

这些大人兴致勃勃，相信魔法，理解孩子的一切，站在孩子纯真的视角去挑战故事里混乱、非正义的世界。可以说，所有达尔故事里的"好大人"，都是达尔母亲的化身。

少年时期，达尔就向往更惊险、有趣的生活。1934年，十八岁的达尔中学一毕业就通过了"107进7"的面试，顺利进入壳牌石油公司。要说达尔为什么选择壳牌，理由很简单——他一心想踏上"遥远的梦幻地方"。而在当时，达尔想去的地方只有通过工作才能抵达，所以他选择了壳牌。

经过几年的培训，达尔终于接到了去东非的调职通知，为期三年。达尔在自传《独闯天下》中描绘了自己收到通知时激动的心情："那太好了，先生！那太了不起了！多么棒啊！"达尔兴奋得跳起来又坐下。那位壳牌的大人物微笑着说："那里灰尘也很大。"

二十岁的达尔自顾自地说："我要到那个有棕榈树、椰子树、

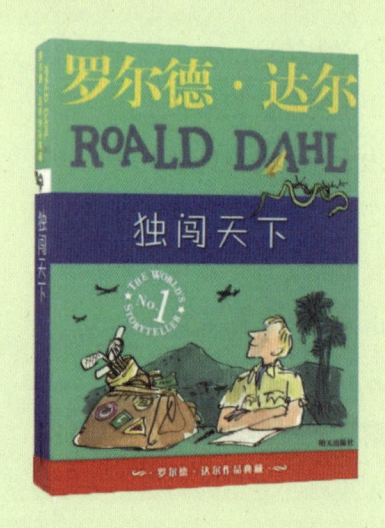

《独闯天下》封面,〔英〕罗尔德·达尔著,〔英〕昆廷·布莱克绘,明天出版社,2009年3月

珊瑚礁、狮子、大象和致命毒蛇的地方,一位在蒙巴萨生活过十年的猎人告诉我,要是一条黑眼镜蛇咬了你,一个小时内你就会痛苦地扭动,口吐白沫而死。我都等不及了。"

达尔的妈妈总是支持他的决定,当达尔告诉她这个消息时,妈妈一点都不想让自己不舍的情绪影响到达尔快乐的心情,她说:"噢,你干得好!这是个大喜讯!这正是你想去的地方,不是吗?"

1938年秋天,二十二岁的罗尔德·达尔作为壳牌的员工踏上了非洲大陆,参与管理整个东非区域。他如愿以偿,经历了诸多冒险,比如眼看着巨蟒爬进朋友家的起居室并救他们一命,比如看到自己厨子的老婆被狮子叼走时抓起猎枪追上去。

达尔在自传中称,最重要的是,"我学会了用文明社会的年轻人绝对不会用的办法照顾自己。"

达尔还没有按计划待满三年,第二次世界大战就爆发了。当战争爆发,达尔立刻申请加入英国皇家空军。1939年11月,罗尔德·达尔通过训练,成为英国皇家空军的一员,驾驶着飓风战斗机在地中海一带到处飞。他一米九的大个子需要蜷缩着才能坐入机舱,但这并没有影响他成为一个优秀的飞行员。

但没多久,达尔就经历了空难。"我打下了几架德国飞机,我自己也给打下来了,在一团火焰中坠落,总算爬出了飞机,被用肚子贴在沙地上爬过来的勇敢兵士们救了命。"

达尔在空难中幸存并康复后,来到希腊参与战斗。他所在的分队以十五架战斗机对抗德国纳粹上百架轰炸机。达尔第一次飞上天空执行的任务是保护一艘装满弹药的希腊船只不被轰炸。达尔在自传中写道:"我记得,我要绝对冷静和无畏。我的一个愿望就是正确地执行我的任务,千万别把事情弄糟。"

在这次行动中,他以新手的莽撞踩在六架双引擎轰炸机的队尾位置,并凭借新手的运气击落了一架容克-88轰炸机,并借助山谷间狭窄的空间成功脱身。

在战斗中,除了机敏和果敢,更多是依靠运气。达尔在战后仔细核查过,当初与他一同在内罗毕初级飞行训练学校训练的十六位学员中,有不下十三位在战斗中阵亡。

1941年,达尔旧疾复发,在空中战斗时会头痛,眼前一片漆黑。他被批准作为伤员回到英国。显然,达尔并没有被残酷的战争摧毁,在回家的途中,达尔在自由港买了一口袋柠檬和酸橙,并在另一个口袋里装满了罐头果酱、糖和巧克力,还买到一匹优质的法国丝绸,

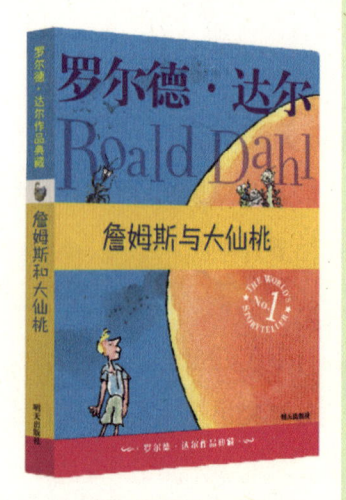

《詹姆斯与大仙桃》封面，〔英〕罗尔德·达尔著，〔英〕昆廷·布莱克绘，明天出版社，2009年3月

足够几个姐妹一人做一件衣服。他的到来，简直像圣诞老人莅临。

而事实上，达尔此时甚至都并不清楚自己的妈妈和姐妹们是否幸存于大量的轰炸中。幸运的是，达尔的家人也在战乱中维持着生活。经过一番辗转，他们终于在三年后相聚了。

此时，距离他的童书处女作《詹姆斯与大仙桃》出版还有二十年。

达尔懂得什么是真正的冒险，也懂得什么是真正的勇气。亲身参与战争的达尔经历过大多数人，甚至大多数创作者，都没有经历过的人类极端的恶与黑暗。而他在经历这一切以后，一遍遍给孩子讲故事，告诉他们，一个弱小的个体，可以在一片混乱与不公正之中，整顿出新的秩序。

03

使出浑身解数，是因为害怕孩子失去兴趣

果敢、喜欢冒险的达尔也是一个傲慢的人，

并且在童书创作之前，就已经获得了多方成就。但在创作童书时，达尔天然地以儿童的阅读体验为首位，甚至坦言："我非常害怕孩子合上书后说，天哪，这不是很无聊吗？"

战后，罗尔德·达尔前往美国，成为英国大使馆空军助理官员。他创作的《小精灵》故事引起了华特·迪士尼的注意，差点被拍摄成动画片。他还作为小说家出版短篇小说集，迎娶奥斯卡最佳女主角帕德里夏·妮尔为妻，参与撰写"007詹姆斯·邦德"剧本……

有趣的是，达尔在四十五岁正式开始他的儿童文学事业时，就拥有极其成熟的"儿童本位"的童书创作观。对达尔来说，把儿童放在首位的理由很理性："孩子们非常挑剔而且很快就会失去兴趣。你必须让故事不断推进下去。如果你认为孩子会感到厌烦，就必须想出一些能让人心痒痒的东西，吸引他们的兴趣。你必须知道孩子们喜欢什么。"

很多为成人写作的创作者是轻视儿童文学的，从创作短篇小说转向儿童文学的达尔则不同，他认为，写一本质量堪比优秀成人小说的儿童读物要困难得多。

达尔曾在采访中说到为儿童写作的困难之处："当你的年龄和经验足以成为一名合格的作家并为儿童写作时，你通常已经变得浮夸、成人化。长大了，你已经失去了所有的玩笑。除非你是一个未发育完全的成年人，身上还有巨大的童心，会为有趣的故事和笑话傻笑，否则我不认为你能写好它。"

重读经典儿童文学作品，我们会发现，把儿童放在首位的创作态度是其中蕴含的共性，记得自己童年时期的体验，更是其中至关重要的部分。

在《小王子》的题献页，圣·埃克苏佩里对儿童说的话如下："请孩子们原谅我把这本书献给一位大人……所有的大人都经历过童年（但很少有大人记得自己曾经是孩子）。"

而马克·吐温在《汤姆·索亚历险记》的序言里，也强调了对童年体验身临其境的重要性："我的计划有一部分是想要轻松愉快地引起成年人回忆他们童年的生活情况，联想到他们当初怎样感觉、怎样思想、怎样谈话以及他们又会干些什么稀奇古怪的冒险事情。"

也许不论是达尔还是马克·吐温，都认同在儿童未被社会规则教化的天然中，蕴含着最贴近人类生命本源的价值。所以他们在儿童文学中探索的，不是对孩子的教育与规训，不是对乖孩子的期待，而是生而为人的无限可能。

那么，以儿童为首位的达尔是如何创作故事的呢？

对达尔来说，幽默是能让孩子在阅读的时候内心发痒的魔法。达尔的幽默并不是设置一个又一个刺激性的装傻笑料，而是在故事中贯穿始终的狡黠和出人意料。达尔把故事里的一切把玩在手中，时刻准备着打破读者的预期和既有经验。

达尔喜欢自己创造奇怪的词汇，《好心眼儿巨人》中，巨人口中那些颠倒的语言给故事增加了很多趣味。同样在巨人的故事里，达尔还创造了"下汽可乐"，颠倒了汽水里气泡的方向——本该向上升腾的气泡变成了向下咕嘟咕嘟冒泡——顺理成章地，达尔用"放屁"替代了"打嗝"，并且借着天真的巨人惊呼：放屁多么快乐，打嗝才不礼貌。这种游戏是达尔与他的读者之间共享的乐趣。

达尔强调故事的情节性。他认为，普通读者需要能让他们继续阅读的东西，他们想知道接下来会发生什么。达尔总是在修改的时候浓缩自己的作品,试图删掉每一个没有意义或没有用的句子,因为他"害怕读者把书扔掉!"。达尔想让读者猜不到情节会怎样发展,并感叹故事的奇妙与迷人。这太难了,但达尔做到了。

达尔喜欢对孩子说真话,他的故事里没有避重就轻地粉饰太平,也从不觉得孩子好糊弄,讲些哄小孩子的肤浅东西。在故事中,达尔偶尔会加入尖锐的、孩子能读懂的思辨,比如达尔曾借好心眼儿巨人之口,对战争的荒谬进行了深刻的探讨:

"人豆子一直在自相残杀。"好心眼儿巨人说,"他们开枪,坐飞机在对方的头顶上扔炸弹,每个星期都有不少。人豆子老是杀死人豆子。"他当然是对的,索菲知道……"即便是这样,我还是认为,那些该死的巨人每天晚上去吃人是卑劣的,人又没有真的伤害他们。""那正是小猪猡每天说的话,"好心眼儿巨人回答说,"小猪猡说,'我又没有伤害人,人为什么吃我?'""天哪!"索菲说。"人豆子制定符合他们自己的规则,"好心眼儿巨人说下去,"可这些规则不能用到小猪猡它们身上去。我说得对不对?""对。"索菲说。"巨人也制定规则。他们的规则不能用到人豆子身上去。他们各自制定适用于自己的规则。""可你也不赞成那些野蛮的巨人每天晚上吃人,对吗?"索菲问道。"我不赞成。"好心眼儿巨人坚定地回答,"不能以牙还牙。"

在索菲与好心眼儿巨人关于善恶的讨论中,达尔将道德评判的视角不断切换,打破了关于道德表面的思考。这种讨论对于孩子来说,或许会成为另外一个觉醒瞬间,或许他们会从此喜欢上思辨的快乐。

达尔关于自己写作的尖锐与直接曾解释道:"我是用恣意夸张的手法说明我的观点,只有这样才能使儿童明白。如果真有父母像《玛蒂尔达》书中一样可恶,玛蒂尔达是有权出走的。有很多父母,大约百分之十吧,是很坏的。如果他们读到这个故事,也许会震惊呢!"

达尔不仅在自己创作的故事中与孩子一起游戏、思考,还热衷于让更多的孩子创作自己的故事。他曾给想成为作家的小读者七条写作小贴士:

1. 你应该有生动的想象力。

2. 你应该能够写好,能够使一个场景在读者的脑海中生动起来。不是每个人都有这种能力。这是一种天赋,你要么拥有它,要么没有。

3. 你必须有耐力。换句话说,你必须能够坚持你正在做的事情,永不放弃,一小时又一小时,一天又一天,一周又一周,一个月又一个月。

4. 你必须是一个完美主义者,对你所写的东西永不满足,直到你一次又一次地重写,使它尽可能地好。

5. 你必须有强烈的自律性。你是在独自工作,没有人雇用你。如果你不开工,没有人把你解雇,如果你开始偷懒,也没有人把你打发走。

6. 如果你有敏锐的幽默感,会有很大帮助。在为成年人写作时,这一点并不重要,但为儿童写作,这一点至关重要。

7. 你必须有一定程度的谦逊。认为自己的作品很了不起的作家是在自找麻烦。

在作为童书作家的生涯中，达尔住在英国乡下，他家大门上挂着"吉卜赛家园"的木牌。他的苹果园里，有一个"工作小屋"，达尔每天在固定的时间走进小屋，坐在他绿色的扶手椅上写作。达尔每次写作的时间不超过两小时，因为专注的写作十分消耗精力。

在自传《好小子——童年故事》最后一章，达尔谈到了作为小说家的生活。

"如果他是一个小说家，他就生活在恐怖世界里。每天都要有新的构思，他永远不知道他是不是能想出来。两个小时的小说写作会让这位作家绝对精疲力竭，因为这两个小时他已经走了很多英里，到了别的地方，在一个不同的地方和完全不同的人在一起，要用很大的力气才游回正常的环境中……当作家的人是傻瓜，他唯一的补偿是绝对自由，除了自己的灵魂，他没有任何主宰。"

罗尔德·达尔是个聪明透顶的傻瓜，把冒险与自由视为人生的最高意义。他青年时期为了冒险和自由踏上非洲大陆，参加皇家空军，也在晚年为自己、为孩子创造了故事中无尽的冒险与自由。

1990年11月23日，七十四岁的罗尔德·达尔因白血病前期并发症离世。他去世三十多年，世界已发生了天翻地覆的变化。2021年，打造大热剧集《鱿鱼游戏》的奈飞公司宣布，已买下罗尔德·达尔故事的全部版权，将在未来从全媒体维度，打造"达尔宇宙"。

文/李茵豆

写《艾特熊和赛娜鼠》的

嘉贝丽·文生

"不忍心看见父母被要求着掏钱购买这些产品的样子"

嘉贝丽·文生（Gabrielle Vincent，1928—2000），比利时画家、作家，代表作包括"艾特熊和赛娜鼠"系列、《流浪狗之歌》等。1982年出版的《流浪狗之歌》获得极高赞誉并广为流传，奠定了嘉贝丽·文生世界经典插画家的地位。

嘉贝丽·文生创作的图画书获奖无数，唤起了世界各地的孩子乃至大人的情感共鸣。

我们熟悉彼得兔的故事，喜欢史努比、姆咪、米菲，但我们对它们的认知可能有一部分是借助于这些形象的周边产品。而艾特熊和赛娜鼠这对好朋友就没那么"幸运"了，它们是嘉贝丽·文生创作的知名绘本中的角色，绘本自1981年出版以来获得过无数大奖，但是嘉贝丽·文生不愿授权厂商使用艾特熊和赛娜鼠的形象，她说不忍心看见父母被动掏钱购买这些产品的样子。到晚年，她甚至拒绝出售她的画作，"与自己的作品分开并赋予它们市场价值的想法让她厌恶"。于是，多年以后，嘉贝丽·文生在童书市场中也不那么为人所熟悉。

许多人知道嘉贝丽·文生是因为动画电影《艾特熊和赛娜鼠》。这部电影正是从她的绘本改编而成的,许多读者因为她的动画片进而去翻阅她的绘本。自然写意的柔和水彩画里,有雨天,有晴天,有野餐,有流浪,还有旅行;艾特熊和赛娜鼠是贫穷的,但相互的陪伴让它们过着惬意的生活。这也是嘉贝丽·文生淳朴而清新的内心世界,她在面对媒体采访时常说:"我没什么可说的,我的一切都在书里。"

在消费至上的社会里,在一个孩子被无数玩具包围的世界里,在商家热衷于追逐和打造IP产品的环境里,嘉贝丽·文生的生活理念更显得弥足珍贵。

01

艾特熊和赛娜鼠:波希米亚式的诗意生活

最近的雨,时常让人想起《艾特熊和赛娜鼠》绘本中的雨天。

《艾特熊和赛娜鼠》是比利时画家嘉贝丽·文生创作的系列绘

《艾特熊和赛娜鼠》（全21册），[比利时]嘉贝丽·文生图文，梅思繁译，二十一世纪出版社，2014年3月

本。绘本的主角是身材高大的艾特熊和身材娇小的赛娜鼠。在他们生活的地方，大人都是熊，小孩都是老鼠。

自1981年第一册问世，到2001年嘉贝丽·文生去世，二十年间，一共发行了二十六册艾特熊和赛娜鼠系列故事。二十一世纪出版社于2014年引进的套装版本，收进了其中的二十一个故事。

故事开始于一个雨天。艾特在广场上一个垃圾桶里捡拾到孤儿赛娜，他们从此相依为命，一起经历雨天、晴天、圣诞节、野餐、流浪、旅行……

《蓝莓时光》中，赛娜发现了掉落在地上的蓝莓，招呼艾特来捡。艾特虽然知道这是禁止进入的私人宅院，但还是和赛娜一起捡了起来——毕竟，不捡的话蓝莓就会烂在地里，白白浪费。

院子主人发现后怒斥他们是"小偷"。经过一番不那么体面的解释与争吵，主人允许他们把这一次"偷"到的蓝莓带回家。

绘本的下一幅画面，却是街道上，赛娜将狼狈抛到了脑后，开开心心地将蓝莓分给邻居们，还告诉他们："这些蓝莓是别人送给我的，因为我快过生日了。对不对，艾特？"

真的到了赛娜生日这天，下起了暴雨。艾特问赛娜还有什么特别想做的事情，赛娜想起了院子里的那些蓝莓，望着窗外的暴雨，多少感到一些委屈和失落。雨停了，趴在窗边的赛娜，听到街上的人说风暴时掉在地上的蓝莓是可以捡回家的，赛娜和艾特开开心心地拎着篮子去捡风暴后掉落一地的蓝莓了。这次，还有好多人和他们一起。

而在《去野餐》中，一场突如其来的雨打乱了赛娜和艾特原本的野餐计划。看着愁眉苦脸的赛娜，艾特提出了建议："不如我们假装外面根本就没下雨，按原计划出去玩。"

这孩子气的建议得到赛娜的赞同，他们甚至戴起了遮阳帽，对着屋外的暴雨说："外面太阳真好！"

艾特和赛娜在树林中支起帐篷，吃着前一天准备好的丰盛食物。这片树林归属于某位富有的人。他质问："你们在我的树林里做什么？"艾特对他讲述了这个雨天野餐的故事，并邀请他喝一杯热茶。故事的最后，这片树林的主人热情地邀请艾特和赛娜去他那富丽堂皇的家中做客，和他的孩子们一起度过了快乐的一天。

艾特和赛娜的生活一直都很贫穷。故事中曾交代，艾特来自罗马尼亚，曾经是马戏团的小丑，一直也没有稳定的工作和收入来源，维持日常生活、照顾赛娜都很吃力。屋顶漏雨了，艾特只能带赛娜去街头拉小提琴唱歌赚钱。

这几乎是一种波希米亚式的流浪生活。艾特和赛娜从未因"贫穷"而自觉少了什么，他们是真正的生活实干家，努力地挣得日常消费所需，陋室相依，在遇见那些比它们还要贫穷的——雨天甚至无家可归的——人们时毫不犹豫地施以援手。

嘉贝丽·文生用素描和淡彩描绘着艾特熊和赛娜鼠相处的日常。读者难免会想，要如何定义这熊鼠之间日复一日温柔悠扬的关系呢？养父女？朋友？伴侣？艾特温柔宽厚，赛娜敏感善良，当赛娜因艾特遇到她之前和其他小鼠的照片感到失落时，艾特会毫不犹豫带她去照相馆拍属于他们的合照；当艾特生病在床时，赛娜也会坚定地承担起照顾他的责任，哪怕打破了六个碗碟。他们从未询问过对方这个问题，维系着他们的，不是什么外在的世俗标签，而是发自彼此内心的珍惜与陪伴。

02 创作是连接内心与世界的桥梁

1928 年，一位名叫莫尼克·马丁（Monique Martin）的女孩出生在比利时布鲁塞尔一个艺术氛围浓厚的家庭。

还是孩子时，莫尼克·马丁就展露出了极高的绘画天分。在战争中度过的童年时光里，她一直用画画来安慰自己。童年时和家人一起在城郊森林里的生活给她留下愉悦的记忆，但长大后她更喜欢在城市居住，因为"方便观察人类"。

十五岁时，莫尼克·马丁就用自己的画作制作了明信片。1951年，二十三岁的她从比利时布鲁塞尔学院的美术专业毕业，毕业的油画作品获得了一等奖。

上美术学校时接触到的东方水墨画给她带来了极深的印象："用不着画出所有的东西来，而只需非常简朴的线条来表现所有含义。"从学校毕业后直到1960年，她致力于以各种方式探索黑白画面，如素描、炭笔、水墨等。她的创作主题也涉及生活的方方面面——爱、分手、友谊、老年、遗弃、死亡……

作为绘画艺术家的莫尼克·马丁颇为成功，但同时又很矛盾。莫尼克·马丁很少参加画展。到晚年，她拒绝出售她的画作，"与自己的作品分开并赋予它们市场价值的想法让她厌恶"。

1970年，莫尼克·马丁就有了绘本创作的初尝试。但在那个时代的欧洲，绘本或插画创作往往是被艺术圈嗤之以鼻的存在。如果一位艺术家被得知在从事儿童绘本创作，就会遭到同行的嗤笑。因此，莫尼克·马丁不得不取一个笔名——嘉贝丽·文生——用作绘本创作。

1981年，莫尼克·马丁和出版商杜居罗（Duculot）合作，第一次以嘉贝丽·文生为笔名，发行"艾特熊和赛娜鼠"为主角的故事《西蒙不见了》，在博洛尼亚国际童书展上大受欢迎。

一次冬日散步途中，赛娜丢失了自己心爱的企鹅玩偶"西蒙"。艾特去玩具店为她买来其他可爱的玩具，赛娜却还是开心不起来，她只想要西蒙。这个关于失落和寻找的故事奠定了整个"艾特熊与赛娜鼠"系列悲伤、细腻又温柔的基调。

此后的二十年，"艾特熊和赛娜鼠"系列故事受到多个国家孩子与成人的欢迎。嘉贝丽·文生也成为比利时最受欢迎的绘本作家之一。

她的绘画天才与素养在绘本中得到了充分的体现，用水彩勾勒的画面生动有力，呈现出艾特与赛娜的一举一动、喜怒哀乐。她内省和细腻敏感的特质，也使得"艾特熊和赛娜鼠"拥有独一无二的气质。书中几乎没有旁白，只由文本呈现的对话和画面呈现的行动完成全部叙事，也使得读者可以以自己的内心更直观地阅读与理解两位主角的生活。

03

永恒的主题：孤独与陪伴

嘉贝丽·文生一生未婚，也没有自己的孩子。但她很喜欢和孩子相处——无论是侄女，还是朋友的孩子。

"艾特熊和赛娜鼠"的情节，都来自她的现实生活。

"艾特熊和赛娜鼠"的故事基本上出自真实的故事，《去野餐》就是根据她和侄女的亲身经历如实描绘出来的。嘉贝丽回忆道：

> 那天本来是打算带她一起去郊游的。准备带去的藤织篮筐里放着三明治、奶酪，还有点心什么的。但是我的小侄女却露出了和大人悲伤时一样的表情，"莫尼克阿姨，下雨啦！啊，怎么这么惨啊！怎么会下雨呢？阿姨！怎么办啊！下雨了啊。那没法去玩了啊……"她一边这么说一边老看着窗外的雨，几乎都快急哭了。

那时候我和她一样失望。必须做点什么，我应该能做点什么的吧！这么想着我就想出了雨中去郊游的主意。在那儿的树下撑开尼龙帐篷。落在尼龙帐篷上面的雨点声很有节奏，听着真是非常美的一种享受。

那时候心情真是好极了！我们两个体验到了晴天体会不到的独特的气氛，感到非常满足，很是高兴。

了解一位作家的最好方式，当然就是阅读她的作品。正如嘉贝丽·文生面对媒体采访时常说的："我没什么可说的，我的一切都在书里。"

嘉贝丽创作的图画书主要围绕"孤独""追寻"与"作伴"等主题。赛娜鼠是她创作的最鲜活的形象。赛娜在很多方面与她本人相似：纤巧的身形，爱细致地打扮自己；易发脾气，任性又挑剔，但言行间散发一股自然的诱惑力；对人对事，一眼看透。她的编辑曾经这样评价："她是从自己内心感情出发的，尤其那股孤独的恐惧感，被遗弃的焦虑感，这些感觉不仅发生在我们孩提时，也同时存在于成年人心中。"

——嘉贝丽·文生中文网站

赛娜幼时遭遇遗弃，更能体会玩偶小西蒙丢失的悲伤。艾特离家漂泊，比谁都更了解孤独的感觉。正因如此，他们才更珍惜彼此的相遇和陪伴。或许，也正是因嘉贝丽·文生有对孤独的深刻体会，才能在绘本中将寻找与陪伴的主题描绘得如此深刻动人。

1982年，嘉贝丽·文生创作了另一本独立题材的绘本作品《流浪狗之歌》。这是一本无字绘本，以极简单又准确利落的炭笔素描，勾勒出一个悲伤的故事：

空无一人的旷野，一辆汽车疾驰而过，一只狗被丢出车窗外。狗拼命地追着车子奔跑，直到车子消失在公路尽头……

又一辆车出现，它满怀希望地冲过去，却差点引发车祸。在惊惶与恐惧中，它开始了孤单漫长的流浪。原野、海边、都市……天地辽阔，只有它踽踽独行的身影。

故事的最后，狗遇到了同样独行的小男孩。这来之不易的依偎给了读者一些安慰，却也更令成人读者鼻酸——天地之间，人又何尝不是孤独流浪着、却又在期待一个拥抱的生物呢？

04

比起昂贵却漂亮的装饰，更重要的是和朋友们共度的时光

"艾特熊和赛娜鼠"没有任何周边产品。像彼得兔、姆咪、史努比、米菲等这些如今已借由商品为世人熟知的童书角色一样，有许多厂商请求嘉贝丽·文生授权使用艾特熊和赛娜鼠的形象，都被她拒绝。

1983年，嘉贝丽·文生创作了绘本《蛋》，这也是一本无字绘本，寓意艰深，没有文字，画风也有些古怪，或许不那么容易为读者接受。但嘉贝丽·文生在其中旗帜鲜明地表明了自己的生活观念：反

对人类对自然的过度开发与消费、对盈利的痴迷、对消费的狂热、对他人商品的侵占和占有欲。

人类其实靠很少的物品就能生活下去，所需要的一切都可以靠自己去创造。"艾特熊和赛娜鼠"中，艾特和赛娜一直都秉持着这样的生活观念。《西蒙不见了》中，艾特去玩具店买了很多新的玩具，试图安慰赛娜，赛娜还是开心不起来。最后，他让赛娜画了西蒙的图纸，将从路边找回来的已经破破烂烂的小西蒙修补复原。已经买了的玩具也都没有浪费，办了派对分给了来家里玩的其他小朋友。赛娜也非常珍惜地守护着西蒙，将它照顾得好好的。

圣诞节到来，赛娜想要举办一场派对，却没钱买装饰品，于是艾特带着赛娜自己画，用各种捡拾来的免费材料布置房间，自己拉提琴唱歌，让赛娜和她的朋友们度过了快乐的平安夜。

毕竟，比起昂贵却漂亮的装饰，更重要的是和朋友们共度的时光与彼此珍惜的心境。

嘉贝丽·文生的独立主题绘本《玩具熊乐园》讲述了一位老人将路边拾到的小熊玩具认认真真洗澡、修补好、送给需要的孩子的故事。《猫咪乐园》则讲述这位孤单生活的老人，遇见一群渴望被关怀与照顾的流浪猫相互陪伴的故事。

嘉贝丽非常厌恶一味追求物欲的现代消费社会。她认为这是一种病态，"认为无论什么都得用金钱去买，一味拼命地弄钱。可是只要稍微认真地考虑一下，即使不去买，也有花点心思自己就能做到的东西。这样能让想象力丰富起来，自己来创造属于自己的东西。"

这也是嘉贝丽·文生的作品在今日给我们——无论是孩子还是

大人——的启示：世界始终纷扰，我们也可以如艾特和赛娜一样，珍惜内心世界每一样珍贵的东西，珍惜家人、朋友与邻人，坚定地用双手创造想要的生活。

文/常 琪

写《毛毛》的
米切尔·恩德

五十年前他预见了今天人们的
困境，并在幻想王国中给出良方

米切尔·恩德（Michael Ende，1929—1995），德国著名作家，代表作有《小纽扣吉姆和火车司机卢卡斯》《小纽扣吉姆和十三个海盗》《毛毛》《永远讲不完的故事》《如意潘趣酒》等。

米切尔·恩德的作品多次获得德国和国际的文学奖，被翻译成三十多种文字。德语国家的文学评论界称他"在冰冷的、没有灵魂的世界里，为孩子也为成人找回失去的幻想与梦境"。

2023年是米切尔·恩德的代表作《毛毛》（*Momo*）出版五十周年。翻开这部20世纪的幻想儿童文学作品，读者必会陶醉于故事中人物被毛毛激发的想象力与创造力（而毛毛仅仅是凝神倾听），然后在不知不觉中，走向恩德式寓言的核心——对人心羸弱之处的剖析与诊断。

在《毛毛》中，恩德塑造了一群靠哄骗人们拼命工作、教唆人们不要花时间在与人为善上的"灰先生"，他们盗取人们"节省"下的时间，延续自己虚无的、充满巧取豪夺的生命。而只知道工作和节省时间的人们会渐渐得一种叫"无聊得要死"的病，变得什么都不想干，对一切失去了兴趣……感觉越来越烦躁，内心越来越空虚，对自己、对世界越来越不满。后来，甚至这种感觉也逐渐消失了……"你会完完全全心灰意冷，对什么都不在乎……到那时你就会变成灰先生的一员"。

在儿童与青少年心理健康问题成为社会性议题的当下，米切尔·恩德的作品凸显出超越时间的恒久价值。当下的孩子仍然需要了解恩德，阅读他的作品，因为我们可以在恩德的故事中获得看待现实困境的新视角，并获得开辟路径的勇气。

在《毛毛》里，时间老人站在了小女孩毛毛这边。毛毛最终唤醒了因心中的贪念和恐惧而被"灰先生"裹挟的人们，人们重新掌握了使用自己的时间的权利。

01

艺术世界有时比外部现实更强大

打开国内引进的米切尔·恩德作品，你会在扉页看到这位须发花白的老人。在他的方形镜片下，一双明亮的眼睛闪耀着睿智的光芒，仿佛在召唤读者，跟随他一起进入瑰丽的幻想王国。

1929年11月12日，米切尔·恩德出生于德国巴伐利亚的小镇加米施·帕腾基兴。他的父亲埃德加·恩德（Edgar Ende）是一

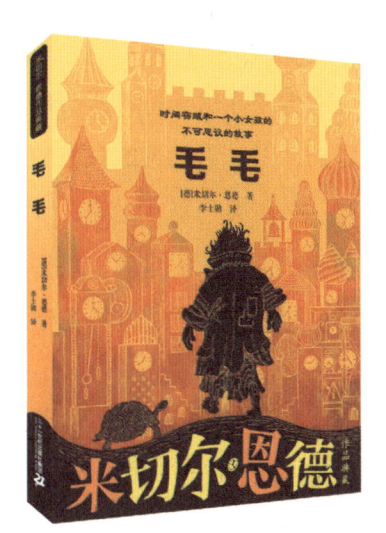

《毛毛》封面，[德]米切尔·恩德著，李士勋译，二十一世纪出版社，2021年10月

位超现实主义画家。与以理性、现实为特征的现实主义绘画不同，超现实主义绘画追求梦幻与现实的统一，在埃德加·恩德的笔下，一切都是那么充满幻想色彩。

小米切尔在这样文化气息浓厚的环境中长大。然而，这段美好的时光没有持续太久。1936年，埃德加·恩德的画作被当时掌权的德国纳粹定性为"颓废艺术"，他被禁止继续作画或展出作品。但对于小米切尔来说，艺术的种子早已种在了他的心里。很多年以后，在《永远讲不完的故事》里，米切尔·恩德创造了一座神奇的图画矿山，矿山里沉积的图画是人世间被遗忘的梦境——一幅幅超现实主义的作品。

在艺术世界之外，现实生活是艰难的。小米切尔的母亲一个人扛起养活一家人的重担。成年后，米切尔·恩德回忆这段时光，提及过他的邻居，一位醉酒的画家。他记得这位画家在废纸上画出精彩的插图，为附近的孩子们天马行空地编造故事。他还记得家附近有一个贫穷的马戏之家，女孩和男孩在那里学习魔术和杂技，表演一些"无用"的东西。恩德之所以铭记这些，也许是因为年少的他已经感受到：艺术世界和精神生活有时比外部现实更强大。

02 向无色的现实中挤入几滴名为幻想的魔法药水

1943 年，十四岁的米切尔·恩德开始写作诗歌和短篇小说。高中毕业后，因为经济原因无法进入大学，恩德选择了一所演艺学校，希望未来能为剧院创作剧本。然而，毕业后他只进入了一个德国北方的小剧团，每天扮演着不喜欢的角色。灰心丧气的恩德回到慕尼黑，决心专职从事写作。他写剧本，也写影评，但他的生活依然没有什么起色。

1958 年，恩德的同学——一位平面设计师——请他为一本图画书提供三四页的文字脚本。于是他坐在打字机前，打下了第一句话：

  火车司机卢卡斯所生活的这块土地，名叫"卢默尔国"，它非常非常小。

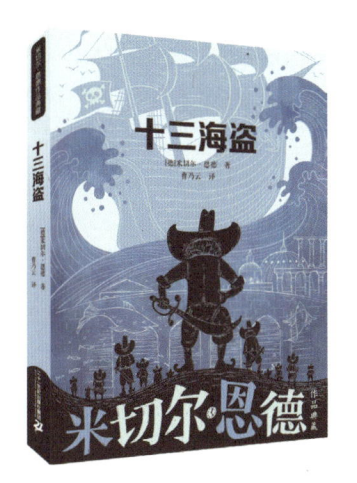

《十三海盗》封面，[德]米切尔·恩德著，曹乃云译，二十一世纪出版社，2021年8月

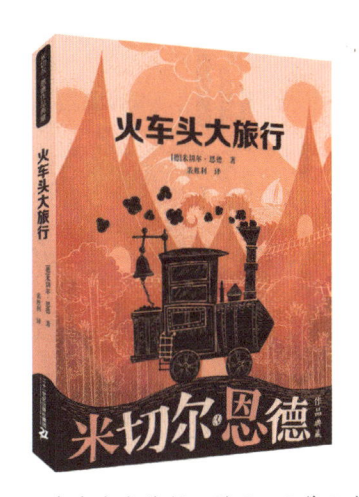

《火车头大旅行》封面，[德]米切尔·恩德著，裴胜利译，二十一世纪出版社，2021年8月

恩德没有想太多，他只是由着思绪将一个句子引向另一个句子。十个月后，他惊讶地发现面前已经是一份厚厚的手稿。他把这份手稿寄给了十多家出版社，却都遭到了拒绝，理由是"它不适合我们的出版计划"或"对儿童来说太长了"。直到1960年，一家小型家庭出版社的编辑接受了它，她喜欢这个故事，但她要求这份手稿必须分成两本独立的书出版。

终于，《小纽扣吉姆和火车司机卢卡斯》（中文版译名《火车头大旅行》）与《小纽扣吉姆和十三个海盗》（中文版译名《十三海盗》）陆续出版了。小纽扣吉姆和火车司机卢卡斯乘着老火车头埃玛，从卢默尔国——一个只能容纳四个人的小岛——出发，上天入海，前往各种神奇的国度：上演海市蜃楼的沙漠、冒着火与烟的龙城、风暴眼中的"无法到达国"……

米切尔·恩德作品集，
二十一世纪出版社，2021年

　　幻想文学并不是在虚空上建造起来的，现实正是它的源头和根基。在"小纽扣吉姆"系列中，这种基于现实的变形十分明显：黑暗大峡谷呈多个"Z"字形，所以不断发出回声；与正常透视相反的近小远大，让假巨人出现在眼前；用磁铁和铁棍，可以制造出永动机……当写到吉姆和卢卡斯被困在"黑山崖"，又黑又冷无法前进时，恩德自己一时也找不到解救方法。他不愿意简单地取消冒险或越过文本伸出作家之手援助，他选择等待。三个星期后，他忽然意识到：火车头埃玛喷出的蒸汽会在极寒的黑暗中凝结成雪，雪覆盖在黑岩上就可以使人看清道路。恩德就是这样向无色的现实中挤入几滴名为幻想的魔法药水，一切变得如此不同，却又顺理成章，使人信服。

　　值得一提的是，在书中，吉姆被设定为黑人，卢卡斯因为长期与蒸汽火车头打交道，也浑身黝黑。而与他们的冒险结下不解之缘的曼达拉国，原型显然是中国，那里有瓷做的桥，人们身穿丝绸，用毛笔写字。在第一部结束时,吉姆救出了被恶龙绑走的世界各国的孩子们。那一刻,恩德用温柔的笔调描绘起小印第安人、小因纽特人,还有荷兰来的小女孩如何梦见自己的家乡。这使人不禁联想到保罗·阿扎尔在《书,儿童与成人》中讨论的儿童文学的世界视野:

(童书)满怀着爱描绘故土,但它们也同时讲述着生活在远方的我们的兄弟。

儿童文学是天然的世界文学,而恩德有这样的心胸。

03
反射我们的社会病,熨帖我们的灵魂

在出版一年后,《小纽扣吉姆和火车司机卢卡斯》于 1961 年获得了"德国青少年图书奖"。1962 年,《小纽扣吉姆和十三个海盗》也入围了该奖项。"小纽扣吉姆"系列为恩德获得了荣誉,但也带来了批评的声音。在 20 世纪 60 年代的德国,文学必须是"现实的""政治的",被要求具有社会批判内容、政治教化效果。这种观点没有给幻想和想象留下任何空间。当时的文学评论家指责恩德的创作是"逃避现实",认为他的故事会使得孩子无法应对真实的生活。

在经历了数次自我辩护后,恩德深感疲惫与厌倦。1964 年,他与女演员英格伯格·霍夫曼结婚。1971 年,他与妻子移居创作环境更加自由的意大利，他感叹，在这里"艺术、想象力、诗歌属于生活中最基本的东西，并且像食物和饮料一样被重视"。恩德与妻子住在罗马以南二十五公里的阿尔巴纳山区，在名为"独角兽之家"的别墅中，二人和狗、猫、乌龟等小动物在一起生活了十四年。在此期间，恩德创作出了他最重要的两部作品：《毛毛》（1973）和《永远讲不完的故事》（1979）。

倘若说"小纽扣吉姆"系列还带有古典童话的色彩，如恶龙和海盗、王子与公主，那么《毛毛》无疑是一部属于现代的幻想小说。故事中身穿灰色外套、头戴灰色礼帽、嘴上叼着灰色雪茄的灰先生，让人想起电影《玩乐时间》（法国大师级导演雅克·塔蒂于1967年自导自演的作品）——林立的高楼、块状的办公室、穿梭其间的灰色办公人群。灰先生们诱惑人们去节省时间，去疯狂占有，去相信能够计量的东西才具有现实性，看不见的东西也就不再有生存之地。那些把时间存进了灰先生的"时间银行"里的人，看似获得了财富与荣耀，但"他们的面孔却是阴郁的、疲倦的、痛苦的，眼神也是冷漠的"。《毛毛》美国版译者卢卡斯·兹维纳这样评价他的书，他说，恩德用幻想之镜反射出我们的社会病，让《毛毛》真正成为"一本适合我们时代的书"。

2023年，毛毛这个手里拿着时间花、腋下夹着一只乌龟的小姑娘刚好五十岁。对毛毛来说，一个人的年龄有多大，从事什么职业，在学校是否成绩优秀，或者在银行有多少存款，都不重要。她始终坐在露天剧场的废墟上，倾听着每个人的快乐与烦恼。她和所有的孩子一样，从不吝啬自己的时间，因此灰先生没法从她身上偷走时间。毛毛组织孩子们抵抗灰先生的入侵，并在时间老人侯拉的帮助下用时间花打败了灰先生。恩德从孩子们中创造了一个毛毛，"毛毛属于他们，是他们的神秘中心，不论她在场还是不在场都一样"。也因此，故事中，在毛毛失踪以后，孩子们依然在露天剧场的废墟上发明着新的游戏，一个接一个地讲故事。

恩德的作品从来不是批评家所说的"逃避现实"，相反，在《毛毛》天马行空的想象之下深藏着对现代人生存状况的思考。然而，恩德从不视自己为"启蒙者"，他说："我不想用自己的作品去教导谁，也不去追随某一种时髦的观点。我创作的原动力来自儿童对游戏的那种与生俱来的爱好。"他更愿意邀请读者参与他的幻想游戏，让读者在这个过程中自己去经历与感受。当读者跟随毛毛，看到"太阳、月亮和各种星星公开说出自己的真实姓名并解释每一朵时间花怎样开放、怎样凋谢"时，灵魂必然会重新熨帖，通往内心世界的道路也会再度明晰。

04

一座被不断书写、永不结束的"幻想王国"

米切尔·恩德喜欢在他的作品里玩文字游戏：在《十三海盗》和《毛毛》的结尾处，都出现了标有"Ende"（德语：完，终结）的插图，"Ende"正好也是他的姓"恩德"。而在接下来这本《永远讲不完的故事》（*Die unendliche Geschichte*）中，恩德给"Ende"加上后缀"-lich"和前缀"-un"，在这本书里塑造出一个被不断书写、永不结束的"幻想王国"。

1977年,出版商来到"独角兽之家"拜访恩德,希望他能创作一本新书。恩德从旧鞋盒里(他喜欢把写作灵感记在小纸条上再放进盒子)取出一张纸条,这成了《永远讲不完的故事》的开端:主角巴斯蒂安是一个胖胖笨笨、饱受同学欺负的小男孩,一天,他从书店里偷走了一本《永远讲不完的故事》,在阅读的过程中,不知不觉真的进入书中……

恩德本以为这部作品会是一个小短篇,没想到故事再次开始自己生长:巴斯蒂安为幻想王国的天真女皇赋予了新的名字,从而拯救了陷入危机的幻想王国。女皇也赠给了他护身符"奥林",让他的每一个愿望都能实现。然而,巴斯蒂安沉溺在无限大的权力中,渐渐失去了身为人的记忆……1978年,恩德致电出版商:"巴斯蒂安坚决拒绝离开幻想王国。我别无选择,只能陪伴他走完漫长的旅程。"

1979年,《永远讲不完的故事》出版。读者手中的图书封面和巴斯蒂安手中的图书封面一样——都是首尾衔接的黑、白二蛇,它们是天真女皇的护身符"奥林"的标志,代表着无始无终。同样,在故事里,巴斯蒂安和阿特莱尤(幻想王国的英雄男孩)两条主线相互衔接。主线之外,幻想世界的无数生灵生机勃勃。恩德用一千零一夜式的结语"而那又是另一个故事"为每一个配角留出了自己的世界,他们共同组成了没有边际、没有终点的幻想王国。

在叙事学中,有一种形式叫"元叙述"(meta-narrative),也就是"关于叙述的叙述"。恩德正是采用了这一方法写出了"书中之书":如果把"幻想王国的故事"视为第一层,"巴斯蒂安的现实生活"视为第二层,我们读者就在第三层。越过书页,"幻想"与"真实"的边界变得模糊并相互连通。读者(巴斯蒂安,或我们)不再只是单方面的接受者,同时也是可以行动的主角,是可以创造新篇的说书人。正如书中的这段对话——

天真女皇说:"我说的和我等待的那个孩子已经越过了边界。他正在读你现在写的这本书,听着我们说的每一句话,他已经和我们在一起了。"

漫游山老人说:"他已经无法抗拒地属于永远讲不完的故事中的人物了,因为这也是他自己的故事。"

《永远讲不完的故事》是一本关于幻想的杰作,是一个男孩在内心世界寻找出路的成长故事,还是一部诗意、神秘的史诗,是美妙战胜平庸、冰冷、贪婪的史诗。我们怀抱着越多的好奇心走进它,隐藏其中的"无限"就越向我们打开。

05

为了心中的孩子,为了我们所有人

妻子英格伯格·霍夫曼因病去世后,恩德离开意大利回到了慕尼黑。他并没有停止创作。1989 年,恩德与《永远讲不完的故事》日本版译者佐藤真理子结婚,同年,《如意潘趣酒》出版。这本书讲述了一只乌鸦和一只猫咪联手对抗两位邪恶巫师,在七小时内拯

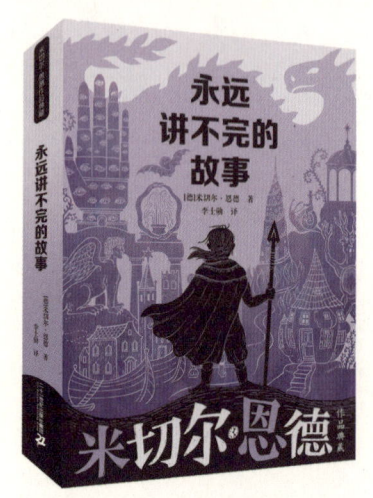

《永远讲不完的故事》封面，[德]米切尔·恩德著，李士勋译，二十一世纪出版社，2021年8月

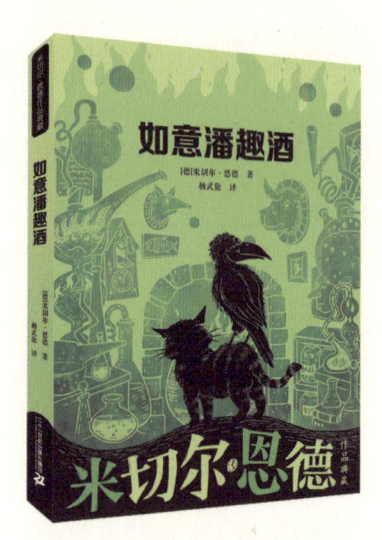

《如意潘趣酒》封面，[德]米切尔·恩德著，杨武能译，二十一世纪出版社，2021年8月

救世界的故事。这是恩德完成的最后一部长篇小说，他一如既往地警惕人类的贪婪和对权力的欲望，用幻想和幽默将恐怖的现实展现在作品中。恩德还陆续创作了一批经典的短篇童话和幻想小说，如《犟龟》《奥菲利娅的影子剧院》《去往圣克鲁斯的遥远之路》等。

无论是当时还是现在，恩德都被视为一名儿童文学作家，但他一直声明，自己的作品不只是为儿童创作，供儿童阅读。在他看来，用一条边界线把生活分成两半——这里是童年，那里是成年——是毫无意义的，因为过渡期是流动的，往往难以辨认，而且我们每个人身上都有像孩子一样的东西存在。恩德表示："我是为了我心中的这个孩子，也是为了我们所有人，才讲的我的故事。"

1994年，恩德被诊断出患有癌症，他的健康状况恶化得很快。1995年8月28日，一代幻想文学大师离开了这个世界。恩德被安葬在慕尼黑森林公墓，墓碑被设计成一本打开的青铜书，他的幻想造物们正从书中活蹦乱跳地走出来。它们仿佛在邀请我们：与吉姆和卢卡斯一起乘坐火车头冒险，与毛毛一起阻止时间窃贼，与巴斯蒂安一起前往没有尽头的幻想王国……

文/王铭博

画"小淘气尼古拉"的

桑贝

"如果不欣赏人性的光辉,我就会变得很悲伤"

让-雅克·桑贝（Jean-Jacques Sempé，1932—2022），法国著名插画家，代表作有《小淘气尼古拉》《一点巴黎》《桑贝在纽约》《童年》《劳尔的小秘密》等。桑贝的二十多部作品被译成多种文字，在全世界几十个国家流传。凡是在提及人文传统深厚的欧洲绘本时，没有人能够忽略法国国宝级插画家桑贝。

法国插画家让-雅克·桑贝 1932 年 8 月 17 日出生。年少时，他曾梦想成为一名爵士钢琴家，但迫于童年期间的拮据生活，只能无奈辍学。接受媒体采访时，桑贝曾坦言自己的童年并不快乐，甚至可以用悲剧性来形容。

他的插画代表作品《小淘气尼古拉》讲述了一直深受父母宠爱的小尼古拉得知爸爸妈妈要生小弟弟后，误会父母可能会不要他，因而四处寻求帮助的故事。这似乎在映射中又补偿着桑贝失意的童年生活。

桑贝或许在用一生治愈他的童年，但他从不吝啬表达对这个世界的善意。他将人物放置在柔和线条绘就的广袤世界中，揭示着藏在那些刻薄背后温情有趣的一面。

2022 年 8 月 11 日，桑贝在其度假住所中逝世，享年九十岁。

01 活着的快乐，存在的快乐

《纽约客》2022 年 9 月 5 日新刊的封面是法国插画大师桑贝的画。封面上，一位背着大提琴、穿着黄色雨衣、戴着红帽子的女士在雨后湿漉漉的纽约街头随意地骑着自行车。城市在被雨水润湿后闪闪发光，远处林立着的高楼间，露出一小块晴朗爽利的蓝天。这位女士，她或许是音乐家，仰着头，欣赏着雨后初霁美景。

或许在十分钟之前下了一场黑云压城的豪雨，这位女士在暴雨倾盆的纽约街头狼狈地保护她的乐器，但那些已经过去，此刻乐器没有被淋湿，人、雨和城市共同造就了美妙的瞬间，一个小型的奇迹。

这是桑贝为《纽约客》绘制的第 114 幅封面。桑贝是法国国宝级插画家、《小淘气尼古拉》形象的创造者、为《纽约客》绘制封面插画最多的插画师，他曾在作品《童年》中说过：

快乐，简直是奇迹！……我觉得人之所以能活下去，是因为只有奇迹才是至关重要的。我们拥有很多东西，只是那些都不是最根本的。最根本的是那个不可言喻、难以言表的东西，那就是奇迹。

2022年8月11日晚上，桑贝在度假住所中平静地去世，他的妻子和亲密的朋友陪伴其左右。

法国总统马克龙在社交平台悼念他："让－雅克·桑贝总能以一种优雅的轻盈态度，捕捉周遭的一切。"《纽约客》《华盛顿邮报》《卫报》《世界报》等媒体均发长文悼念。《世界报》的文章写道："桑贝在讽刺方面非常出色，他能够捕捉到一个姿态、一种态度、一个时刻、自行车、微笑、猫和音乐家。"

在画册《一点巴黎》和《一点法国》中，桑贝描绘过许多挥手致意的瞬间。这些挥手致意的瞬间充满了赞赏、喜爱和愉悦。

桑贝喜欢这样的瞬间。这样的瞬间意味着什么呢？可能是认同彼此的存在吧。桑贝画笔下的人物认同时间的幽深、人类文明的辉煌、人与人之间细微的情谊……

或许他在离开的时候，对他喜爱的一切都如此欣喜地致意过吧。而每一次致意，也是对自己存在的认同。存在的喜悦，是桑贝式优雅的来源。当被问到"对于您，是无法慰藉的痛苦大于快乐，还是快乐大于痛苦？"时，桑贝这样回答："如果不快乐，人就活不下去。尽管什么都不如意，但快乐还是有的。可以称它为活着的快乐，存在的快乐。"但桑贝接着说，"而无法慰藉的痛苦就是人本身，人就是无法慰藉的。"

桑贝就这样度过了自己的一生。他的画作展现了法式优雅又充满哲思的人生态度，带给读者幻想、思考，还有微笑和大笑。

02 一个在生存中游泳、用幻想来换气的男孩

桑贝准确地画下了法国人，但与人们常有的对法国精致、优雅、富足的印象不同，桑贝童年的生活更多挣扎在"生存"的层面。

桑贝出生在法国南部波尔多附近的城市佩萨克。他的母亲十几岁做秘书时与其老板生下桑贝，后与身为推销员的丈夫一同抚养桑贝。桑贝是家里的长子，有一对同母异父的弟弟和妹妹，他要照顾和安慰他们，而直到很久以后，桑贝才知道自己和弟弟妹妹之间血缘的不同。对此，成年后的桑贝说："我是一个私生子。这不是我的错，但也不是我父母的错。"

桑贝的继父是个贫穷的酒鬼，他骑着自行车走街串巷卖罐头食品，如果当日的销量不错，他必会去小酒馆喝个大醉，回到家就是一场激烈的争吵，甚至还有暴力——"我父母闹出来的那动静，得（躲到）有配卫兵的爱丽舍宫才能躲清净……"

生活在这样家庭的少年桑贝是一个极度自尊、细腻敏感的孩子。在家庭之外，桑贝总去描绘一种他不拥有的生活——"我睁眼说瞎话，一直在撒谎。有时我会跟小伙伴们讲述我和父母度过的美好夜晚，而事实上无非是一场地狱般的争吵。"

桑贝喜欢学校生活，因为学校里没有人知道他家每晚的窘况，

《童年》封面，[法]让-雅克·桑贝著，黄荭译，上海译文出版社，2019年5月

他享受着没有羞耻感的生活。他在学校很受欢迎，甚至可以说是孩子王。有一次，他看到一间正在施工的教室天花板上的活板门开了，就怂恿全班同学爬到屋顶上，所有人快活极了。

偶尔，桑贝在学校也要做一些假扮潇洒的伪装。有一次学校开展募捐活动，桑贝知道父母没有钱，拖到了最后，被老师臭骂了一顿。桑贝鼓起勇气和母亲要钱，总是不欢而散。不过有一天，桑贝的母亲给他找到一些以前攒的旧硬币——这些钱已经不再流通了。桑贝把这些钱带到学校，让人以为自己在抖机灵，故意带一些不再流通的旧硬币来，结果被狠狠惩罚了一番。回忆到此事时，桑贝说："谎言常常让生活变得更复杂，但有时不说谎不行……"

贫穷和并不和睦的家庭带来的痛苦对年少的桑贝来说是无解的难题，他努力在生存的海浪中挣扎，但桑贝总是把事情推向快乐的那一边——他想象属于自己的世界，笨拙地逃离现实。幻想给他带来快乐和满足，让他能在生存的困境中浮出水面，吸入宝贵的空气。

桑贝也有自己用来幻想的材料——他很小就通过广播接触了音乐和更优雅的体面生活，这些成为他困窘生活的安慰。

桑贝曾略带夸张地说，广播是他活下去的理由。

> 通过广播，我可以逃离现实，可以幻想，去想些别的事情，去爱一些人……我第一次偶然听到雷范图拉乐队演奏的一支曲子时，应该不过五六岁……它给我留下了很深的印象。我坚信：正是这个音乐，非常欢快，让我面对一些非常紧张、很难控制的境况时活了下来。

在 20 世纪上半叶，广播的电波中传递着乐观主义。漫画杂志中写道："在桑贝发现它的那一刻，广播的听众数量已达 2000 万。它让法国人的耳朵里充满了欢快的曲调和他们喜爱的明星。广播照亮了那些仍然使用油灯、从水井中取水，并花一天时间洗衣服的家庭。"

桑贝说，从他们那里，"我学到了一切。但更重要的是，他们教会了我优雅。优雅对我来说确实是最重要的，那是一种感情、礼仪和姿态的优雅"。

这些桑贝在童年时所向往的情感和姿态上的优雅，成为他日后创作美学的一部分，而他的画笔也总是在描绘人们在生存的大海中浮出水面时一瞬的小小喜悦。

03 桑贝的美学：本质上是诗意，而不是评判或催促

人可真有意思啊！我们第一次翻开桑贝的画册时，分明听到他的每一幅画都在如此叹息。

桑贝从十二岁开始画画，虽然他喜欢足球和音乐胜过绘画，但对他来说，显然纸和笔更容易获得。十六七岁的时候，他的画已有些许自己的风格。在还不到十八岁的时候，打零工的桑贝把自己的画拿给一位当时已有盛名的漫画家，得到了对方的指点。

桑贝曾画过一幅旨意一目了然的漫画，画面是一个小男孩对在看电视的父母说："看，我会走路了！"这幅画获得了广泛的关注，十几本杂志都刊登过这幅画。但在桑贝的美学判断中，这是他最糟糕的作品。"它很蠢，因为太直白了。这是一幅'招徕看客'的作品，太刻意太造作了。人们千篇一律，都会说：'看看这对父母，他们居然没注意到他们的娃会走路了。'"

直白的评判在桑贝眼中是不可靠的，他的思维发散开来，他觉得那幅画上的小男孩没准就是个小恶魔，没准他早就学会走路了，他的父母已经绝望透顶，"生活中除了那台岌岌可危的电视机，意境一无所有"。

正是这种反思瓦解了直白的评判，让桑贝更倾向于诗意的幽默。这样的美学判断与《纽约客》不谋而合，桑贝在1978年开启了与《纽约客》长达四十四年的密切合作。

为《纽约客》绘制的封面中，有一幅以猫为主角的封面。这个封面的第一版主角是一个小女孩，她用猫尾巴假装成胡子。《纽约客》的总编让桑贝把这个小女孩去掉。桑贝疑惑，小女孩是主角，可以去掉吗？但他遵从总编的意见进行了修改。桑贝后来也认同这种修改，当删掉直白的笑料，画面就营造出了一种让人自由想象的空间。桑贝在与《纽约客》的合作中感到无比满足，他欣赏撰稿人和插画师与读者分享的古怪机智和幽默，其中有他喜欢的优雅。

　　在《纽约客》的纪念性文章中，桑贝夫人指出，桑贝在自己的艺术中一直在寻找不依赖文字的视觉创意。

　　"这对他来说是很难的，因为，如果他想在床上画一只猫，他就会琢磨如何同时表明这只猫在纽约。他不想通过地标来'作弊'，所以他必须提炼出纽约的建筑物、窗户和路灯是如何具有城市特色的。"

　　这种艺术追求和美学标准让桑贝的画无比准确，也正是因此他才能仅用画面来表现异想天开、俏皮，还有偶尔的讽刺意味。

　　以鸟瞰视角绘制大场景，也是桑贝的绘画特色之一。

　　《华盛顿邮报》的文章曾这样评价道："桑贝经常喜欢站在一个遥远而有利的位置，从高处对纽约或巴黎的宏伟城市景观进行艺术性的观察……现实的坚硬边缘被推到一边。"

　　桑贝的鸟瞰图在展示开阔空间的同时，细致描绘了人群中每个人的情绪、姿态和情感。

　　桑贝的作品不仅展现人的动作，还展现出细致的面部表情，几笔勾勒出人的心情。这让人能对着他的一幅画研究好半天。而桑贝在画面中选择的时间点也很巧妙。他不会展现一件事中最激烈的时刻，而会选择最有余味的那个瞬间。

一幅描绘大雪天课间的画，桑贝选择画孩子们集合后乖乖站成一排的样子，但雪地上的痕迹展现了多少活泼的玩耍啊！随你怎么想象孩子们课间旺盛到有些许疯狂的精力。

在《拉奥孔》中，德国美学家莱辛这样写道：

> 最能产生效果的只能是可以让想象自由活动的那一时刻了。我们愈看下去，就一定在它里面愈能想出更多的东西来。我们在它里面愈能想象出更多的东西来，也就一定愈相信自己看到了一些东西。

这就是诗意为我们提供的愉悦和无尽的玩味空间。《世界报》关于桑贝的文章中写道：

> 桑贝有分析和使我们发笑的才能，他使我们兴奋，向我们展示从未注意到过的东西，他能够改变我们的观点……他给我们提供了和罗兰·巴特带给我们的一样多的思考素材……他的艺术从来不是多愁善感的，但总是富有同情心。桑贝在画框中为我们提供希望。

而桑贝自己的看法则质朴很多：

> 我的画就像是转瞬即逝的纪录片，记录下人们的种种行为，他们的焦虑、恐惧或困惑。

当然还有快乐。

04 一个人们愿意生活在其中的普通世界

当我们在怀念桑贝的时候，到底在怀念什么呢？

《卫报》悼念桑贝的文章中提到，桑贝一直在画 20 世纪中叶前后的城市与乡村，相比较之下，当今的世界对他来说很难画。

> 甚至当我画电脑时，我的朋友们会指出，那是在 20 世纪 70 年代就消失的电脑。对我来说，现代世界缺乏魅力，我并不是说过去的事情总是更好。它们不是这样的。但对我来说，事情看起来更好，或者至少更有趣。

桑贝笔下的世界停在了过去，他居住在巴黎的左岸附近，在旧日时光，他与知识界的老朋友们聚在咖啡馆，比如作家弗朗索瓦丝·萨冈、导演雅克·塔蒂等。

桑贝总是怀旧的，就连他绘画的、勒内·戈西尼撰写故事的童书《小淘气尼古拉》也是如此。当被问及《小淘气尼古拉》成功的原因，桑贝指出，那是因为在它出版的时候已经过时了。

《小淘气尼古拉》最开始是桑贝为一家比利时电台节目周刊《蚊子》绘制的幽默漫画。主编让他创造一个角色，桑贝在公交车上看到过一则尼古拉红酒的广告，小淘气尼古拉的名字由此而来。

而当主编让桑贝把幽默漫画扩展成连环画时，只想做漫画的桑贝和在《蚊子》周刊工作的勒内·戈西尼合作，开始将《小淘气尼古拉》创作成连环画的形式。

桑贝在《童年》中说："从一开始，《小淘气尼古拉》就是一个关于友情的故事。我们分享彼此的童年回忆。我向勒内讲述了有关足球、夏令营、学校里起哄的那些事。而勒内热衷于把这些回忆写成文字。从我说的故事出发，他营造出整个环境，创造了各种人物……"

桑贝指出，《小淘气尼古拉》是超越时间的怀旧之作，当漫画面向读者的时候，法国当时的学生已经很久不穿短裤制服了，课桌也不像他画的那样，这反而给故事赋予了永恒的趣味。

对于桑贝来说，绘画中最重要的是"抓住事物的本质，而不是试图复制它"。也正因如此，他创作出了媒体口中法国人理想化的童年愿景。正如戈西尼所说，他们创作出"一个孩子们会认可、成年人会记住的世界……一个任何人都愿意生活在其中的普遍世界"。

在接受的最后一次采访中，桑贝对当下世界的变化表示出一种悲悯："现在的生活太快了，生活变得不安和残酷。"

当我们怀念桑贝时，或许我们所怀念的是还没有被资本挤压的往日时光，是哪怕生存再艰难也总倾向于相信人性有其光辉的人文主义。那是一个人们更愿意生活在其中的世界。

在桑贝的对谈式自传中，有一段对话令人印象深刻——

桑贝：我确定的是，我对人类抱有无限景仰，他们未来会有能力并且现在也有能力做出神奇的事情。人类一直是这样。

马克：人类也会做出可怕的事情吗？

桑贝：当然。

马克：那么，为什么您心中还是对人性的欣赏占了上风呢？

桑贝：啊！（沉默）因为如果不是这样的话，我会很悲伤。

文/王 苗

画《爱心树》的
希尔弗斯坦

幽默的笔触下藏着许多"坏孩子"

谢尔·希尔弗斯坦（Shel Silverstein，1930—1999），美国人，20世纪最伟大的绘本作家之一。谢尔·希尔弗斯坦是一位享誉世界的艺术天才。他的绘本《失落的一角》《谁要一只便宜的犀牛》《阁楼上的光》《爱心树》等作品被翻译成三十多种语言流传世界各地。

　　他通过作品表现出的质朴、温情、幽默、生活观念、哲学意味以及淡淡的人生讽刺，获得了孩子们的喜爱，也慰藉了大人们的心。

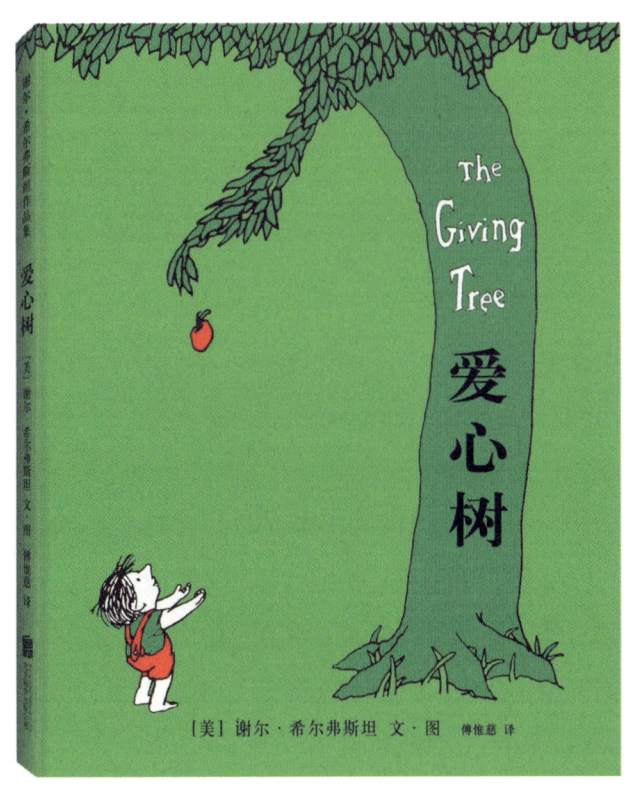

《爱心树》封面，〔美〕谢尔·希尔弗斯坦著，傅惟慈译，爱心树童书出品，北京联合出版公司，2018年1月

  我们来聊聊既是漫画家，又是儿童文学作家，还是诗人、歌手和编剧的谢尔·希尔弗斯坦。

  大名鼎鼎的《爱心树》是希尔弗斯坦的成名作，也是中国童书市场上引进得较早的一本经典绘本。寥寥数笔勾勒出一棵苹果树的无限奉献与一个男孩的无限索取。

希尔弗斯坦曾是《花花公子》的漫画主笔，1963年在汤米·温格尔的引荐下，结识了哈珀与罗出版公司（Harper & Row）负责青少年文学出版的总编辑乌尔苏拉，从此踏入了儿童文学界。1975年，他接受《出版人周刊》采访时说道："我小时候比较想当个厉害的棒球选手或是女孩们眼中的抢手人物，不过我球打得不好，又不擅长跳舞……只好开始写写画画，很幸运的是我身边并没有可模仿或令我钦佩崇拜的人，也因此培养出了我个人的创作风格。"

在童书领域，他以"谢尔比叔叔"（Uncle Shelby）的笔名创作了《一只会开枪的狮子》，广获好评，此后又出版了《一只加长十分之五的长颈鹿》及后来风靡全球的《爱心树》。一开始出版方认为《爱心树》篇幅过短，介于童书和成人书之间，可能不会受到欢迎。乌尔苏拉花了四年时间评估，才决定出版它，并维持其令人伤感的故事结局。

希尔弗斯坦写过许多童诗，他不设任何障碍的思维方式跟孩童自由自在的天性是一致的，简洁的幽默和深刻的哲理，不只吸引儿童，也带给大人震撼。

《向上跌了一跤》封面，[美]谢尔·希尔弗斯坦著，叶硕译，爱心树童书出品，北京联合出版公司，2018年12月

01
哪个孩子没有过这样"自私"的时候？

很难单纯用"童书作家"这个头衔来定义谢尔·希尔弗斯坦，他有艺术家、诗人、剧作家、作曲家、乡村民谣歌手等多重身份。但《爱心树》《向上跌了一跤》《失落的一角》《阁楼上的光》等作品长盛不衰，深受全世界儿童喜欢，让他成为孩子们心中永恒的"谢尔比叔叔"。有评论者说，谢尔·希尔弗斯坦在童书界的大放异彩是无心插柳柳成荫，毕竟他最初并没有为孩子们写作的计划，只不过是在朋友的极力"怂恿"下误入童书创作，从此一发不可收，在童书界拥有了无以撼动的地位。

谢尔·希尔弗斯坦这个衣着邋遢却又才华横溢的大胡子叔叔，非常符合我们对美国当代艺术家的想象。他拥有透彻睿智的眼睛、强大的想象力和毫不设防的思维边界，总是能观察到日常生活和思维中已经被固定的东西的"不安分"的另一面，毫不犹豫地松开那根拴紧它们的绳子，让它们自由自在地翱翔在无边无际的天空中。在诗歌《八只气球》中，谢尔·希尔弗斯坦让没有卖掉的八只气球密谋了一次集体逃跑，带着拴气球的线飞到空中；在诗歌《不用绳子木板钉子来把秋千荡》中，谢尔·希尔弗斯坦让我们不要荡用绳子、木板、钉子做成的秋千，而是要把长到一百英寸长的胡子绕在胡桃树枝上，然后"把自己从地上提起／等春天一到——／就来把秋千荡！"

谢尔·希尔弗斯坦的作品就是有把一切惯常事物"从地上提起来"的能力，天马行空、毫无边界、肆意飞扬的想象力也催生了强烈的幽默效果，让人觉得"鬼马""无厘头"，忍不住开怀大笑。

比如《向上跌了一跤》，完全是对惯常重力世界的"颠覆"，带来的是超出常态的境况。

"我给鞋带绊倒／向上跌了一跤——／向上跌过屋顶／向上跌过了树梢／向上跌过了城市／向上跌得比山还高／向上跌到半空／那儿声音和颜色交融在一起／……"把自己"从地上提起"，换另外一个角度来看待世界，必然会得到别样的风景。

谢尔·希尔弗斯坦不设置任何防线和障碍的思维方式跟孩童自由自在的天性是一致的，这也是他的诗歌可以归入童诗范畴而受到孩子们喜欢的原因。

没有道德、教化等的限制，幽默有趣，是谢尔·希尔弗斯坦童诗的重要特点。他的代表作《谁要一只便宜的犀牛》《一只加长十分之五的长颈鹿》可以说把幽默有趣发挥到了极致，已经到了"挖空心思"的地步，每个孩子读后都会捧腹大笑、兴奋不已。对幽默酣畅淋漓的追求让他专注孩童最本真、最自由自在、最不加掩饰的一面，刻画出一系列天真可爱的"坏孩子"形象。如《自私小孩的祈祷》：

现在我要躺下来睡觉，
真诚地向我的主祈祷。
如果我在醒来前死去，
求主让我的玩具都坏掉。
这样别的孩子就再也不能碰它们……
阿门！

每个读者读到这首诗都会忍俊不禁，一个双手合十、虔诚祈祷的孩子祈祷的竟然是这样"不光彩"的内容。但哪个孩子没有过这样"自私"的时刻呢？寥寥几笔，一个精灵古怪、顽皮活泼的孩童形象跃然纸上，谁又能说这个孩子不可爱呢？再如《我必须记得》：

我必须记得……
感恩节的火鸡，
圣诞节的布丁，
复活节的彩蛋，
周日的鸡肉，

周五的鱼，

周一的剩饭菜，

但是，呵呵，我——我是一个小傻瓜。

我立即走过去把它们全吃了。

谢尔·希尔弗斯坦并不试图在诗歌里增加引导和教化的内容，而专注地挖掘寻常瞬间中的幽默灵动的特质。

诗歌《作业机》中，一个被作业困扰的孩子渴望能有一台写作业的机器；《按按钮》中，一个孩子发现各种机器按钮的神奇，他把自己的肚脐眼也当作按钮，使劲按下去，发现自己打嗝了；《怎样就不用擦盘子》中，一个被迫擦盘子的孩子想的高招是，擦盘子时可以故意摔一个盘子，这样大人就不会让你擦了……无关规训，无关道德，希尔弗斯坦就这样无拘无束地展现孩童最本真的一面，可这也是最美、最打动人的。

02

看似是孩童的语言，实际是哲人的表达

如果希尔弗斯坦的诗歌仅仅流于表现轻松、幽默、天真无邪的孩童心理和生活，那他绝不会取得今天这般让人瞩目的成就。相反，希尔弗斯坦尊重童心，尊重天性，尊重自然，由此去思考关于自我、人性、世界的一系列深刻复杂的命题，虽然是童诗，实际已经是哲

学范畴的思考。

他的思索和感悟不是哲学表达般的讳莫如深、缠绕晦涩，而是清浅通透、清澈无垢。所谓大道至简、大美天成，用来形容谢尔·希尔弗斯坦的诗歌毫不为过。

在诗歌《斑马的问题》中，一个孩子问斑马是有白条纹的黑马还是有黑条纹的白马，而斑马反问他："你是个有坏习惯的好孩子还是个有好习惯的坏孩子？/你是安静时多吵闹时少还是吵闹时多安静时少？/你是高兴时多难过时少还是难过时多高兴时少？/你是个有时邋遢的干净孩子还是个有时干净的邋遢孩子？""它就这样不停不停不停地问，而从此我再没向斑马问过它的条纹。"

这首诗让我们想到中国古代哲学中"白马非马"的典故，这种充满辩证的思考显然已经不是孩子出自天性的发问，它蕴含着丰富深厚的哲学意蕴。斑马的反问更是如此，如何评价和定义一个孩子，不给他们设立条条框框，更多是来自成人的思索、自省和感悟。这也使谢尔·希尔弗斯坦的诗歌超越了单纯的童诗范畴，在天真烂漫、无拘无束、真实灵动的表象中加入了厚重深沉的底色，轻盈而不轻飘，浅显而不浅陋，单纯而不单薄，是大人孩子都可以读的优秀诗歌。

诗歌《倒影》也是一个典型，谢尔·希尔弗斯坦从非常孩童化的在水中看自己倒影的举动，引申出关于自我和存在的思考：

每当我看到水中
那个家伙头朝下
就忍不住冲他笑哈哈
但我本不该笑话他

也许在另一个世界

另一个时间

另一个小镇

稳稳站着的是他

而我才是大头朝下

在古希腊神话中，美少年那喀索斯爱上了水中自己的倒影，最后投水而死，化为水仙花。孩童在成长过程中的某个阶段也会被镜中、水中自己的影子深深吸引，饶有兴趣地同它们玩耍。因为他们的"自我"意识并不完善，不知道那只是自己的影子，而以为是另外一个人。

但《倒影》明显不是单纯对这一孩童成长现象进行记录，而是延展和深化到对另一个世界、另一个"我"的存在的思考。孩子天生具有哲学思维，但并不是天生的哲学家，哲学家必然是对大千世界、万事万物进行大量观察思索后，用高度凝练简明的语言表现出来。看似是孩童的语言，实际是哲人的表达。

03 童心的彼岸或许是哲学的忧伤

希尔弗斯坦童心未泯,但他的世界又是广阔无边、丰盈复杂的,虽然聚焦的是细微的事物,但眼睛绝不只落在这细微的一处,而是扫视过宏阔的时空,把它作为坐标中的一点来审视。如此这个细微的小东西也就拥有了坐标轴中横向、纵向等各个方向的刻度,诗的意境也愈发丰富、厚重和多面,读起来醇厚有味、回味无穷。

诗歌《蝙蝠宝宝》非常简短:

一只蝙蝠宝宝
吓得大喊大叫
请你打开黑暗
我害怕这里的光线

一只蝙蝠宝宝怕黑,本身就是一个非常戏剧化的场景,还能引发读者的思考:"黑"是一种光线吗?我们能把黑暗打开吗?光明与黑暗是什么关系?……《阁楼上的光》探讨的也是光明与黑暗的关系,但又融入了看与被看、里面与外面等关系,看似矛盾,却又和谐统一:

阁楼上孤灯一盏。
尽管门窗紧闭,漆黑一片

>我却看到微光在闪，
>
>那是什么我全知道，
>
>阁楼上孤灯一盏。
>
>站在外面我看得见，
>
>我知道你就在里面……往外偷看。

享誉全球的《爱心树》探讨的是付出与收获、舍与得的关系，《失落的一角》探讨的是圆满与缺憾的关系，《失落的一角遇见大圆满》关注的是幸福与痛苦、得到与失去的关系，等等。

希尔弗斯坦是一个非常内化的诗人、艺术家。自我实现和成长是他非常关注的一个命题，他曾在多首诗歌和作品中探讨过。在《外还是内》中，他提出了一个问题：衣服究竟是穿在里面的内衣更重要，还是穿在外面的衣服更重要？结论是，只要内心舒适，内衣外衣的问题根本不是问题。

在《飞盘历险记》中，一只飞盘突然不想再做飞盘，但尝试了一番后，它还是决定继续做飞盘。而《失落的一角》《失落的一角遇见大圆满》中，归根结底，探索的依旧是自我实现、自我成长的命题。不管外在世界如何，只要自己成长得足够完备强大，总能与外部世界和谐相处。

希尔弗斯坦虽然不是专职的插画家，但是高超的艺术天分和极具个性的表达方式让他的绘画拥有了自己的风格。他的绘画是极具现代艺术气息的简笔画，看似笔法稚拙、线条简单，随意的儿童涂鸦一般，但与他的诗歌语言如出一辙，是他对世界大道至简、返璞归真的理解方式。而他的画与诗相得益彰、互相映衬，也成就了谢

《失落的一角》封面，谢尔·希尔弗斯坦著，爱心树童书出品，北京联合出版公司，2018 年 1 月

尔·希尔弗斯坦的独一无二。

明代思想家李贽等提倡"童心说"，认为童心就是一念之本，是人心最本初的真实天然的状态，但是随着不断成长，人会受到种种限制和干扰，慢慢也就失去了童心。童心是与自然和世界运行的规律相通的，而一个人如果在增长了阅历、智慧的同时童心未泯，该是多么难得的一种状态，或许就是李贽说的"圣人"吧。

那童心的彼岸是什么？是永不褪色的天真烂漫、永远存在的无忧无虑和永不消失的开心快乐吗？不是的。童心的彼岸或许是哲学的忧伤。一直拥有童心的人，因为洞悉整个世界的运行和人生状态，会更加体悟到"人有悲欢离合，月有阴晴圆缺，此事古难全"的本质；也正是因为童心未失，无法浑浑噩噩、视而不见，便会用哲学的形式对这一切进行化解。这样或许就能理解，为什么谢尔·希尔弗斯坦有大量极具幽默感、快乐肆意飞扬的作品，也有大量极具忧伤、让人的心灵深处最敏感的角落震颤的作品。

希尔弗斯坦的大量诗歌涉及衰老、失去甚至死亡等命题。在诗歌《冰冻的梦》中，"我"要把梦冰冻起来，等"我"成为白发苍苍的老翁时再解冻，让它们来温暖"我"的双脚。在《音乐生涯》中，一个弹钢琴的小女孩起初手够不到琴键，坐在凳子上脚够不到地面，等这一切都不是障碍时，那架钢琴已经老了。而在《孩子和老人》中，孩子和老人在对话中发现，他们拥有大量相同之处：尿裤子，哭鼻子，会把勺子落在地上，人们对他们从不在意，而他们之间是互相理解的。在谢尔·希尔弗斯坦的笔下，钢琴会老去，云会忧伤，星星会变旧生锈，生活也会失去往日的甜蜜……只不过这一切都隐藏在童诗纯真的语言、无邪的情感和纯粹的欢乐之下，当你慢慢长大后，才会体会到。

谁能否认《爱心树》《失落的一角》《失落的一角遇见大圆满》充满巨大的忧伤气息和悲剧特质呢？《爱心树》中，一棵大树一点点把自己的一切都奉献给了男孩，毫不要求男孩的回报；《失落的一角》中，人最圆满的状态恰恰是缺失了一角的状态，缺憾恰恰是一种圆满；而在《失落的一角遇见大圆满》中，失落的一角只有改变自己的形状，把自己打磨成圆润的圆形，才能走向远方，找到幸福，实现价值。

文/周晓曼

写《小丑从来不放弃》的
昆廷·布莱克

"我从未见过不爱昆廷·布莱克的孩子"

昆廷·布莱克（Quentin Blake，1932—），英国插画家、作家。昆廷·布莱克也独立出过《快乐的光脚丫先生》等图画书，但更多是与别的童书作家合作，他为约翰·尤曼、罗尔德·达尔、罗素·霍本等著名童书作家的书画过插图。国际儿童读物联盟（IBBY）官方杂志《书鸟》（*Bookbird*）形容昆廷·布莱克："他的独创性和幽默感，与他运用线条、色彩和动作的技巧合于一处，令布莱克成为享誉世界、深受喜爱的插画家。"

昆廷·布莱克 1932 年出生于英国，是英国当代儿童文学界负有盛名的插画家和作家，获得过英国有关儿童读物的多项大奖。1999 年，他成为英国"儿童文学桂冠奖"（Children's Laureate）的首位获得者，该奖表彰在儿童文学领域取得杰出成就的伟大插画家和作家，后来的获得者有安东尼·布朗、迈克尔·罗森等。2002 年，他获得"国际安徒生奖"（插画家奖）。

昆廷·布莱克以绘制插画著称，由他撰写或配图的图书已经超过五百本，但实际上他也是一位优秀的故事创作者。

01
看到他的画，
就好像回到了小时候拿起画笔的时刻

  第一次看到昆廷·布莱克的名字是在一本厚厚的工具书上。

  那本书叫《长大之前一定要看的1001本童书》，每一页都是一张小小的书封加内容简介。不知什么缘故，再让我回忆当时看书的场景，1001本书里我只记得昆廷·布莱克的《小丑从来不放弃》。吸引我的并不是那一页短小精悍的介绍，而是文字旁边那个粉红色的封面。封面底部有一个张开双臂、带着标志性笑容的小丑，他的背后是玫瑰色的天空和高耸的大楼。相比之下，小丑显得很渺小，不过，你的视线还是会不由自主地追踪他，因为他好像在一边跑，一边大声说："嗨！我在这儿！"

  这是我第一次领略昆廷·布莱克的插画魅力。当时，我刚进入出版行业，对童书的印象还停留在小时候新华书店里陈列的那一批书，那里除了教辅就是文字量很大的经典名著。真正意义上的图画书，我的童年阅读里似乎没有这一选项。

新世界的大门一旦打开，探索的欲望也就随之而来。当我搜索布莱克的作品时，看到了一位头顶光秃秃、鬓角的灰白头发支棱着、脸上洋溢着笑容的快乐小老头儿，准确地说，是布莱克爵士。为了表彰布莱克对插画领域的贡献，2013年，布莱克获得英国女王新年荣誉榜授予的爵士勋章；次年，他获得了法国外长代表法国政府颁发的"法兰西艺术与文学勋章"。

布莱克不仅成功而且多产。当看到很多熟悉的经典童书的插画都出自布莱克之手，我才意识到他的插画王国有多么庞大。如今，据统计，由他撰写或配图的图书已经超过五百本。他为童书界很多著名作家绘制过插图，如迈克尔·罗森的《伤心书》、安德烈·布夏尔的《爸爸的头不见了》、约翰·尤曼的《长鹿角的男孩》，还有中国读者也丝毫不陌生的罗尔德·达尔的《查理和巧克力工厂》《了不起的狐狸爸爸》。

1978年，布莱克和达尔合作的第一本书《巨大的鳄鱼》出版并获得了成功。布莱克诙谐幽默的插图和达尔犀利生动的文字完美契合，让这本书读起来充满了乐趣。尤其是那个想吃小孩但美梦总是落空的大鳄鱼，它的每一个表情都极其传神、令人捧腹。让一只长着数百颗锋利尖牙的鳄鱼看起来没那么可怕，甚至还有点搞笑，这需要很强的功力。好在布莱克从十六岁起就开始为世界著名的幽默和讽刺杂志 *Punch*（《笨拙》，一译《潘趣》）画漫画，他有着漫画家特有的幽默感。

从那时起，布莱克陆续为达尔的作品配图，最终，两人成为童书界的"黄金搭档"。他们的名字总是同时出现，合作的书拿下多项大奖，缔造了许多经典和传奇。布莱克的画笔让达尔创造的

布莱克描绘的"悲伤但努力看起来很开心"。出自迈克尔·罗森的《伤心书》，中文版已由启发文化引进

经典儿童文学形象变得生动鲜活，达尔的作品也让全世界更多的孩子认识了这位总能戳中他们笑点的插画家。

布莱克的插画还成就了一位童书界的新秀：大卫·威廉姆斯。如今，他是英国最畅销的儿童文学作家之一，被人们称为"罗尔德·达尔的绝对继承者"。写完第一部儿童小说《穿裙子的小男子汉》后，大卫就一直梦想着与昆廷·布莱克合作。和达尔一样，他认为布莱克是世界上最好的儿童插画家。当时他虽然是颇有名气的喜剧演员，但在童书界还是初出茅庐的新人，而布莱克是获得过"凯特·格林纳威奖"（The CILIP Kate Greenaway Medal）、"国际安徒生奖"（插画家奖）等重量级大奖的前辈，不过布莱克欣然应允，答应为他配图。

惊喜不止于此。当看到自己笔下那个穿裙子、涂口红的男孩丹尼斯跃然纸上时，大卫说自己好像立刻变回了曾经的小学生。他更惊讶于布莱克创造丹尼斯时表现出的同理心。

很多人都很好奇布莱克是如何塑造出这些生动鲜活的经典形象的，他将自己构思人物的过程当作"表演"，将自己代入角色中去进行想象，而且他从不照着某样东西去画，他喜欢在脑海里建构画面。

当我们是孩子时，我们不也是这样去创作的吗？也许正是因为昆廷·布莱克的"表演"和"想象"，他的画总是带着"孩子气"。很多人第一眼看到他的画，会觉得"乱糟糟的"，但是又很和谐，能瞬间将人拉回儿时在墙壁上、作业本上、沙地上肆意挥舞画笔的时刻。

布莱克不太注重细枝末节，比如人体的某个部位或比例，他通常用寥寥几笔就能精准地刻画人物的神态、动作和情感。他的线条并不柔和，甚至是尖锐、粗糙的，不过，这是布莱克刻意营造的效果，他不喜欢平滑、精致的画面，他追求的是棱角。布莱克会使用钢笔、芦苇笔、羽毛笔来作画，喜欢蘸满墨汁的笔尖划过纸面时那种"不可预知"的感受。布莱克还喜欢用水彩渲染画面，他的画色彩轻盈灵动，就像是从铁丝缠绕般的线条里吹出的彩色泡泡。

布莱克的画里保留着孩童的天真与自由，这也许和他不是科班出身、没有正式上过艺术学校有关系。大概从六岁开始，布莱克就爱上了拿起画笔的感觉。但是他并没有追求一定要走艺术的道路，他选择去剑桥大学读英国文学而不是艺术。一方面是考虑到用艺术养活自己是件难事，另一方面因为自己喜欢阅读，他觉得反正自己"永远不会放弃画画"，不如去学校接受更多的文学训练。这个决定也为他之后的创作打下了基础。

基于这样的理念，布莱克给喜欢画画的人们的建议就是：一直画。他总是鼓励人们随时随地拿起画笔，不要苛求完美与精致，只是将画画当作一种记录的方式。他在社交媒体上演示过自己画画的过程，"假如你坐在房间里，可以试着画你的姐姐。"说完，他还尝试了几种不同的画法。

02
快乐、希望与爱，
他的故事讲述人生中最美好的事

1968年，布莱克第一部独立创作的绘本出版了。在此之前，他总被要求为图书画一些黑白插图，这次，他想尝试一些新东西，于是他"叛逆"地选择画一个有色彩才能完成的故事《派克的小提琴》，这样出版商也拿他没办法了。

每次翻开这本书，我好像都置身于书里那个热闹又欢快的氛围中。在这个故事中，色彩就是旋律。派克在旧货摊上买了一把小提琴，当他演奏时，五颜六色的鱼儿跃出水面，树木换上彩色的新装，小朋友的蝴蝶结变得又大又漂亮，连流浪汉嘴里的烟斗都绽放出绚丽的烟火……大家跟着派克一路歌唱，成了一道亮丽的风景。派克的小提琴不正是布莱克手中的画笔吗？他用色彩唤起情感，点亮世界。

1980年，布莱克又创造出了一个为大家带去快乐的角色：光脚丫先生。布莱克巧妙地运用押韵，让故事朗朗上口。《快乐的光脚丫先生》出版后的第二年，就获得了"凯特·格林纳威奖"，光脚丫先生成为布莱克创作出的最受欢迎的角色，并在 2005 年被选为"凯特·格林纳威奖"五十周年十大获奖作品之一。

在大人看来，光脚丫先生就是个穷光蛋，他只有一只靴子和一个声音刺耳的旧小号。但是在孩子的眼中，光脚丫先生可太厉害了：猫头鹰可以坐在他的床边练习发声！他能在水果摊上玩杂耍！他还有一只巨大无比的大恐龙！小朋友们全都能挤上他的滑板车！光脚丫先生少了一只靴子，但是他过得依然快乐；当他最终得到崭新的靴子时，他第一件事就是去和朋友们踩水坑！

《快乐的光脚丫先生》的故事简单，但充满哲理。画面中的光脚丫先生不论多么快乐，文字里却不时地提醒：他少了一只靴子！如果光脚丫先生也不停地提醒自己这件事，那他可能就是另一个故事的主角了：他要努力为自己赚来靴子，穿上一双靴子走在路上，只是为了像大家一样。终于得到靴子的他，还能享受和孩子们一起踩水坑的快乐吗？

除了像快乐的光脚丫先生一样气质超然，布莱克还是一个乐观主义者，他的故事里总是充满希望和爱。在自己的作品中，布莱克最喜欢的是无字书《小丑从来不放弃》，这本书讲述了一只被丢弃的旧玩偶在大城市的历险故事。小丑为了救出和他一起被塞进垃圾桶的伙伴们闹出了不少乌龙，还再度品尝了被丢弃的滋味。不过，事情总是会迎来转机，即使它看起来已经糟糕透了。小丑误打误撞地来到了一个单亲家庭：母亲在外忙碌，家里，有一堆家务等着做的姐姐还要照顾哭闹的小弟弟。小丑主动帮姐姐哄小孩（这是他的绝招），做家务，终于解放的姐弟俩和小丑一起冲出门外，去解救其他玩偶，他们的背后，玫瑰色的晚霞铺满天空。

2020年，在疫情期间，这部诞生于20世纪90年代的绘本还被改编成了动画，在圣诞节档期上映。总是积极向上的小丑再一次为人们带来欢笑与感动。这部动画还邀请了海伦娜·伯翰·卡特配旁白，她是儿童文学改编影视剧中的常客，曾在电影《查理和巧克力工厂》中饰演查理的母亲。在影片的最后，海伦娜还适时地提醒孩子们："像小丑这样的玩具，只有得到了小朋友的爱才能拥有生命。"人类不也是如此吗？我们和小丑一样，付出爱，感受爱，才算真正地活着。

虽然布莱克终身未婚，也没有孩子，但是他很懂得初为父母的心情。他的作品《小怪兽》就被评论家们当作"给新手父母的养娃指南"。

小朋友是上天赐予的神秘礼物，不过养孩子的过程却很像开盲盒，孩子会变成什么样，很难预知。在《小怪兽》中，布莱克用了一种荒诞的表现手法表现这种未知：随着孩子的年龄增长，他变成各种各样的动物，每一种动物都很有代表性。一开始，他是一只叫声恐怖的秃鹰宝宝；后来，他是一只横冲直撞的小象，扯掉桌布，乱吃东西；再大一点，他又变成了一头沾满泥巴的小野猪；生气的时候，他是一只喷火龙；到了青春期，就更不可思议了，小怪兽变成了奇怪的猿人！

不知时间过了多久，小怪兽变成了一个彬彬有礼的年轻人，还带回来一位美丽的姑娘，而小怪兽的父母也老了……看完这本书，你会发现生命的确是一段未知又奇妙的旅程。

与其配图的作品相比，布莱克自写自画的作品只有三十多本。

但是，他的每一个故事中的角色都深入人心，比如独立、爱冒险的"有办法太太"阿米蒂奇夫人和她的车，《跳蛙的故事》中那个在全世界演出、热爱跳舞的青蛙乔治，以及布莱克喜欢画的鹦鹉。

此外，他还和1800个小朋友共同创作了一部绘本，名叫《天上的帆船》。小朋友们用画画、写信、发邮件的方式告诉布莱克，他们关心的全球问题：空气污染、战争、猎捕野生动物、种族歧视等，布莱克用沙滩上的废弃房屋和旧床单为小朋友们制作了一个大大的帆船，它就像一艘诺亚方舟飘向世界各地，为经受苦难的生命提供庇护，在孩子们的心里播下希望和爱的种子。

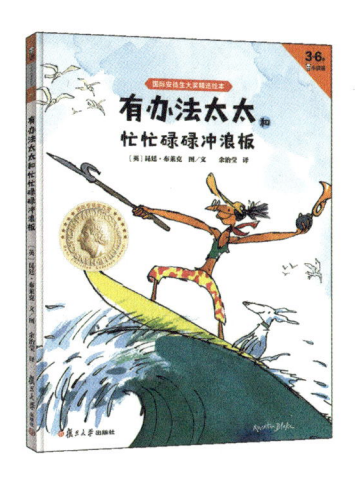

《有办法太太和忙忙碌碌冲浪板》封面，[英]昆廷·布莱克著，于治莹译，复旦大学出版社，2019年11月

03 他为衰老与病痛带去色彩与想象

在书本之外，布莱克的色彩和想象延伸到了更远的地方。

2006年，布莱克接到南丁格尔项目的邀请，为伦敦一家康复中心的老人们作画。医院的病

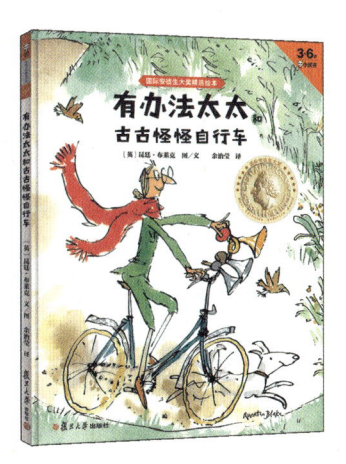

《有办法太太和古古怪怪自行车》封面，[英]昆廷·布莱克著，于治莹译，复旦大学出版社，2019年12月

房里总是冷冰冰的白墙，项目负责人认为墙上多些色彩对老人们的健康有好处。接到邀请的那天，正好是布莱克七十四岁的生日，他欣然接受，觉得这是一个很棒的生日礼物。这次，他可以从书籍插画中抽离出来，面对人们真实的生活和问题，给出自己的答案。

衰老和病痛对老人们来说意味着什么？是没有了从前的好胃口，不再有充沛的精力，甚至是跟不上世界的脚步，被远远甩在了后面。于是，布莱克用画笔创造了另一种老年生活：老人们生活在树上，他们在树枝间荡来荡去，在树上拉小提琴，画画，织毛衣，吃冰激凌；他们的相貌没有变年轻，但活力十足。

布莱克说他之所以这样画，正是因为"生活在树上"这件事看起来很遥远，毕竟到了他那个年纪，哪个老人真的会去树上消磨时间呢。然而，他想通过这个"平行世界"告诉人们"即使你的四肢已经不如年轻时那么灵活敏捷，但是生活的热情仍旧会永存"。

他为康复中心画的画后来也被集结成书，名叫《你只能年轻两回》。当你以为自己老了，其实你正年轻，这就是布莱克的人生答案。

后来，越来越多的医院加入这个项目。布莱克又开始为孩子们而画。伦敦一家儿童医院里，很多孩子都有不同程度的心理健康问题。对于这些孩子，来到医院意味着什么？布莱克想：去医院的感觉一定像来到外星，医院里的医生，各种奇怪的器械，陌生又可怕。于是，布莱克又为孩子们创造了一个"平行世界"，医院摇身一变成了"佐格星球"，医生成了粉红色、绿色、蓝色的外星人，令人忍俊不禁，就像从小朋友的幻想里走出来的。佐格的外星人陪着孩子们玩耍，阅读，吃零食；陪他们一起睡觉，做梦。看到这些画，去医院似乎成了一次有趣的星际探险。

一开始，布莱克并没有想过他的画能带来什么治疗作用，这些画只要能帮助病人们放松心情，他就满足了。直到有一天，一位医生告诉他，医院里的一位抑郁症患者看了他的画后情绪有所好转，这让布莱克意识到绘画不是简单的娱乐，它通过自己独特的方式和人们沟通。布莱克的艺术为病人带来了另一种生活，他的画有让人如释重负的魔力。

布莱克又将目光转向了妇产医院，为那些欣喜又紧张的妈妈作画，她们等待着新生命的降临，是什么样子的？初生的婴儿们会健健康康的吗？听到那一声啼哭是什么感觉？

布莱克精妙地向妈妈们展现了即将到来的神圣时刻：透明的蓝色水彩创造了一种在水中游动的感觉，这是一种熟悉的联结，是婴儿和母亲之间独有的亲密。当婴儿从温暖的子宫来到广大的世界时，身体的亲密接触终于变成了情感的表达，婴儿伸手触摸母亲的脸颊，他们亲昵地注视着彼此。也许妈妈们看到这些画，心里的不安都会烟消云散，取而代之的将是喜悦和期待。

医院里还有一条走廊，通往新生儿的重症监护室，刚享受了孩子啼哭的喜悦又要注视孩子去往病房，这种复杂的心情让妈妈们承受了很大的压力。布莱克用蓝色、绿色这种充满自然气息的色彩来安抚妈妈们，让那条长长的走廊不再哀伤。它变成了一条河流，孩子睡在小小的草船中轻轻摇荡，让父母安心地将孩子交给护士和医生。

除了医院的项目，布莱克还资助了许多慈善机构，有促进公众参与艺术的项目，比如每年都举办全世界最大的绘画庆典，致力于帮助更多的人将绘画当作激发想象力和创造力的工具；有保护动物和人权的公益活动，布莱克资助了一家救助猛禽的慈善机构。他还为全世界生存遭受威胁的部落发声……在书本之外，布莱克也在用艺术和影响力推动人们构建更美好的世界。

评论家梅兰妮·麦克多纳曾评价道："我从未见过不喜欢昆廷·布莱克的孩子。"在童书界，赢得孩子的喜爱比任何奖项都有分量。孩子们喜欢布莱克的画，是因为他们将布莱克创造的画面当作自己日常的想象，布莱克不是那类费尽心思讨好孩子的作家，他只是成了孩子中的一员。

2021年，BBC（英国广播公司）为昆廷·布莱克制作了一部纪录片《昆廷·布莱克：我的生活画卷》（*Quentin Blake: The Drawing of My Life*），带人们回顾布莱克漫长又精彩的插画事业。镜头前，年近九十高龄的布莱克站在他创造的经典形象旁，佝偻着身子，但仍然带着亲切又顽皮的笑容。

布莱克说："书可以带人们出发，不只是去往某个地方，而是去体验他人的感受、生活和反应。这关系到我们如何生活得更充实。"他的书做到了这一点，不论你处在什么年纪，在布莱克创造的快乐、自由与天真的想象世界中，童年的大门永远为你打开。

文 / 傅悦文

写《雪人》和《圣诞老爸》的

雷蒙德·布里格斯

最平淡的恰恰最绵长，
被无视的恰恰最值得

雷蒙德·布里格斯（Raymond Briggs，1934—2022），英国大师级插画家、图画书作家。他的绘画作品老少咸宜。他擅长用颜色营造气氛，烘托感情，用憨朴、有力的视觉叙事表达严肃、普世的主题。

他是英国漫画家名人堂的首位入选者。他的作品硕果累累，凭借《雪人》《圣诞老爸》《鹅妈妈童谣金典》等作品，多次获得插画界、童书界的国际重量级大奖。

每年冬天临近圣诞节之时，英格兰多雨阴冷幽暗的冬日里，这栋位于英国东萨塞克斯郡、有着绿色木门的乡村小屋里，电话铃声比往常更频繁地响起，登门造访者纷至沓来。

　　与此遥相呼应的是，在书店和图书馆里，当季主题书架摆出了《雪人》和《圣诞老爸》绘本；电视前或电影院里，孩子们和父母们期待观看《雪人》和《圣诞老爸》的改编电影；在伦敦西区、曼彻斯特、爱丁堡等诸多英国城市，经久不衰的儿童音乐剧《雪人》再次巡演，其周边产品如玩偶、抱枕、毛毯、玩具、餐具、马克杯甚至是印有雪人图案的卫生纸，商家们不遗余力地推陈出新，为圣诞节的消费热情助力。

"我唯一的圣诞节计划就是等待它快一点过去。"并非每个造访者都了解屋主专心创作时的不喜被扰,或细心留意到老旧门铃下用字条贴着的"NO BELL"字样。时有粗心大意者,忽略屋主特意贴在门框右侧的字条,混淆相邻几栋地名相似的绿色村舍,成为按错门铃的不速之客。

遗憾的是,这栋小屋的主人、英国著名作家、插画家雷蒙德·布里格斯(一译作雷蒙·布力格),再也不会被圣诞节的不速之客困扰了。在布里格斯与世长辞的第二天,BBC2(英国广播公司2台)重播了讲述其父母四十多年婚姻的《伦敦一家人》动画电影,向这位插画家致敬。

斯人已逝,其作存世。布里格斯的个人创作回顾展(Raymond Briggs: A Retrospective)在英国各大艺术场所巡展。该展于2021年5月在温切斯特探索中心首展,涵盖了布里格斯的一百多幅创作原画,其中的许多画作和私人档案都是首次公开,旨在展现其画作风格的变化进阶、艺术表现手法的突破创新以及不同作品之间的关联性。

协作策展人凯蒂·麦柯拉克(Katie McCurrach)认为其创作"幽默、敏锐,甚至时而带来颠覆性"。"他用富有力量的视觉叙事手

《伦敦一家人》封面，〔英〕雷蒙德·布里格斯著，张亦琦译，中信出版集团，2018 年 7 月

法刻画了一系列普世主题——家庭与亲情、拥有与逝去、政治与阶层。"另一协作策展人妮可丽特·琼斯（Nicolette Jones）则在布里格斯笔下的人物角色中，看到令人熟悉的众多普通人的身影。"圣诞老人像一个打工族一样忙碌，满腹牢骚。方格菌会让人想起那些可有可无、遭人唾弃的身影。飞在空中的雪人和绘本中他的父母，则是每个时代里无处不在的普通百姓。"

布里格斯期待自己是一个能以画笔通感纸间角色的"好演员"。"如果（我的）角色正骄傲地走在路上，我需要想象他的感受，既观察他，又成为他。我希望我的插画可以同时实现这两件事。"

《雪人》虽是他创作中被译为其他语言最多、发行量最大的作品之一，但远不足以用于总结他的创作广度和深度。倘若要总结、回顾布里格斯对于图画书的贡献，尤其是对图像小说领域的突破性贡献，我们必须追溯其长达近七十年的插画创作经历，仔细品味其如何再现童话、童谣中的人物角色，又如何图像化更多为人们所司空见惯、不曾被重视的小人物，尤其是那些因各种原因鲜少走出英语世界，甚至只为英国读者所知的角色：绅士吉姆和他的太太希尔达［Gentleman Jim & Hilda，又称布罗格夫妇（Mr. and Mrs. Bloggs）］、埃塞尔和厄内斯特（Ethel & Ernest）等。

布里格斯曾说，"无论你创作什么，你所创作的角色中总会有你自己生活和周遭的影子。"他的作品暗藏着他的家庭影像。他不喜社交，也不善隐瞒，他在作品和访谈中为这个世界留下一个真实、立体多棱的形象。倘若要解析一个插画家在创作中的成长与成就，我们需要从解构他的人生经历、重温他的生活日常开始。

01

乱世里的童年，但家庭港湾总在

1934 年，雷蒙德·布里格斯出生于英格兰萨里郡温布尔顿公园的一个普通工人家庭。他的父母一生都住在同一栋房子中，布里格斯也以图像化的形式记载并纪念其童年的家。在近年的访谈和回忆书写中，他直言不讳讲述自己对亲情的迷恋，尤其是对父母的迷恋。"（我的传家宝之一）是我父母一直用的切面包刀和面包板。我的整个童年都在用它们。"

这个时年八十有余的老人，在回忆里像一个不曾长大的孩子。他以自己父母的一生的故事为主题，于 1998 年出版了《伦敦一家人》

漫画小说。该故事随后以手绘动画电影的形式被搬上大银幕，使得很多英国读者看到自己家庭的经历，或同时代长辈们的经历，产生强烈的共鸣。

对世界各地的绘本读者来说，也可在布里格斯的早年作品中觅得他童年的家的各个角落，如"圣诞老爸"洗漱、剃须的地方就是在他童年的卫生间里。"圣诞老爸"做事的水槽边，是童年记忆里他父亲做家务的场所。男孩和雪人起飞的场景，取自每日必经的充满回忆的前院和他父亲常带他玩耍的后院。

对我影响最深的房子，是我童年在伦敦的家。那个在温布尔顿公园附近的家，是20世纪初典型的英国排屋。一排相同或镜像的房屋沿街而起，共享侧墙，内部结构几乎完全一致。狭长的走道依次连接一楼的客厅、餐厅、厨房和用于洗衣等家务的杂物间。二楼有三个卧室和一个浴室。我的卧室在后侧，可以俯瞰花园。通常和我们一样的工人阶级家庭，都住在这样格局简单、设计有些粗糙的房子里。我们家的厨房窗户正对隔壁家的，有时家里的钟坏了，只要直接看看邻居怀特家的钟，就能知道时间。

雷蒙德·布里格斯的父亲是送奶工，终年无休地工作。母亲婚前是女佣，婚后操持家里家外，一生都围绕着丈夫和儿子。母亲生下他时已三十九岁，因高龄妊娠而异常辛苦。考虑到身体条件和医生建议，父母放弃了再生一个的想法。小雷蒙德成为这个家里唯一的孩子，被疼爱他的父母全心全意地照料着。

他的出生给这个小家庭带来的喜悦，和这一家虽不富足但还算自得其乐的生活，很快就被二战战火即将席卷伦敦的恐惧所笼罩。伦敦街巷人心惶惶，防空警报越来越频繁，广播里传来累计数百万儿童被撤退到乡村的消息。能干乐观的父亲利用闲暇时间搜集建筑材料，在后院搭建起简易的防空洞。生性相对优柔的母亲整日忧心忡忡。夫妻俩最终决定将五岁的小雷蒙德送上火车，让其投奔住在多塞特郡乡村的亲戚，躲避纷飞的炮火。小雷蒙德童年的第一次远行，即是乱世里充满未知的独行。

小雷蒙德给父母寄来人生的第一封信，画着悉心照料他的贝蒂阿姨、富勒阿姨和一头奶牛。稚嫩但工整的笔迹简述着乡下生活应有的无忧无虑。"我睡在露营床上。每天早上喝的牛奶不是牛奶瓶里倒出来的，而是现挤出来的。"母亲心疼儿子不能睡在有床垫的床上，而身为送奶工的父亲显然对现挤的牛奶更感兴趣。

小雷蒙德记得与父母重逢时，他正在马车拉着的高高的干草垛上雀跃；他也记得再见炮火洗礼后的伦敦，那个城市遍地疮痍、百废待兴的模样。和其他伦敦人一样，他记得那个时代里普通百姓生活里的很多片刻。因战火临时失业的父亲被征召去泰晤士码头清理尸骨遗骸，连续十四个小时的工作后疲惫不堪，倒在母亲怀里失声痛哭。走出大轰炸的伦敦，终于迎来又一个张灯结彩的圣诞节。富勒阿姨给的梨树种子被小雷蒙德满怀期待地种下。恢复往日生机的温布尔顿公园里，各家搬出桌椅沿街摆开，欢庆战争的胜利和久别的重逢。欢声笑语里总有人承受丧子之痛，黯然神伤，无语凝噎。——这些，都刻在小雷蒙德的童年记忆中。

和同时代或相似阶层的父母们一样，小雷蒙德的父母期待儿子借由接受教育，实现他们不曾实现的阶层跃迁。当小雷蒙德成为邻里街坊唯一一个考入以教学质量好著称的文法学校的孩子时,他们坚信他已"半只脚进了中产阶级的圈子",开始憧憬儿子的未来职业。从幼年到少年,小雷蒙德虽偶尔调皮,但懂事乖巧不曾让父母失望。渐渐成长为青年的布里格斯,更为坚定地想要接近自己的梦想,成为一名卡通画家。1949年,十五岁的布里格斯决定离开文法学校,去温布尔顿美术学校(Wimbledon School of Art)就读。这一决定出乎父母意料,尤其让他的母亲非常焦虑,儿子是否就此断送了自己成为办公室职员的中产之路?

1952年,布里格斯申请就读中央艺术设计学院[现隶属于伦敦中央圣马丁学院(Central Saint Martins, University of Arts London)],学习了为期一年的排版设计、文字设计课程。1953年毕业后,他应征入伍。在埃及、德国和卡特里克(Catterick)之间,他选择了唯一一个不用出国的选项——位于英格兰北约克郡的卡特里克。

自小被父母呵护备至的布里格斯,似乎一生都没有爱上远行,"我不太喜欢旅行,北约克郡对我来说已经足够远了,已经够'国外'的了。"和同时代(后来成名)的一些插画家一样,他在服兵役的两年里负责部队的舆论宣传,把课堂所学的绘画技能运用于目的性较强的传播沟通工作,是一件看似相关但颇为勉强的事情。当他的一幅宣传油画获选参加青年艺术家联展时,他错觉,"我大概可以成为一个著名油画家。"他因此开始了在伦敦大学学院斯莱德美术学院(Slade School of Fine Art)的学习。

两年后的1957年,他"一无所获地离开"。当时业界主流对绘画和艺术的共识是,"能使用黏性油彩创作的人是真正艺术家"。

以油画为代表的美术意味着经典与高雅，商业美术被视为相对的低俗与廉价；而插画创作，相较广告等其他具有市场导向性的商业美术形式，是最被轻视的一种。在此值得一提的是，近年的一期国际儿童读物联盟美国分会（USBBY），曾以"插画与艺术"为题展开探讨。莉丝白·茨威格（Lisbeth Zwerger）、法兰斯瓦·普拉斯（François Place）、罗杰·米罗（Roger Mello）等多名包括"国际安徒生奖"（插画家奖）得主和提名者在内的插画师分享自己在求学和职业中遭遇过的冷漠，他们为"插画"正名的艰辛经历，有着惊人的相似。

布里格斯仍记得十六岁初入校时，醉心于文艺复兴艺术的校长听说他梦想成为卡通画家，气急败坏地质问他："小子，你来学美术只是想做这个？"他并不排斥被文艺复兴艺术所包围——米开朗基罗、皮耶罗·德拉·弗朗切斯卡，或是其他画家——给予他日后的创作不少灵感与养分。但多年的美术学习，让他深感自己对油画技法和媒介质感缺乏天赋，很难在艺术美术领域有所成就，他仍期待以插画创作谋生。

02

想象具象化，回忆图像化，思辨绘本化

布里格斯前往牛津大学出版社应聘，编辑梅波尔·乔治（Mabel George）问他："要不要来给童话故事画插画，比如画仙女、巨人、

会讲话的动物……"多年后他回忆,"我觉得这是个挺有趣的建议。我试了下,才发现为幻想故事配图创作,很有意思。"1958年,他的第一份工作是为鲁斯·曼宁-桑德斯(Ruth Manning-Sanders)的《彼得和皮斯基:康沃尔民间故事和童话集》(*Peter and the Piskies: Cornish Folk and Fairy Tales*,1958)创作插图。他看到自己具备将想象具象化和将回忆图像化的能力,他的少年梦想不再遥不可及。

1961年,布里格斯开始在布莱顿艺术学院(Brighton School of Art)兼职授课。仍然忧心儿子靠绘画工作难以维生的父母略欣慰于他成为"教师",日薪甚至已和其父亲退休时的周薪相当。绘制插画、创作绘本和兼职授课等多份工作的收入,虽不富足,已足够温饱,足以肩负家庭责任。

1963年,他与在美术学院就读时认识的女友简恩·克拉克(Jean Clark)成婚。因简恩患有精神分裂症,夫妻俩决定不生孩子,母亲对这个婚姻颇有微词但无力阻拦。布里格斯夫妇搬入位于西萨塞克斯的一处村舍,这栋在母亲第一印象中"破烂不堪"的窝棚,其后数年里被布里格斯改造成了两层楼的乡村小屋。他非常喜欢家里的花园。最喜爱的房间是朝北的工作室,可以望向绵延的南部丘陵,晴朗天气里甚至能眺望26英里之外茂密的萨塞克斯郡林地向亚士顿森林绵延。

布里格斯陆续邂逅了他的多个伯乐。这些编辑包容他的各种创新尝试和个人风格,告诉他:"每个艺术家的首要任务是做自己。""有些故事太糟糕了,还不如我自己来写。"布里格斯抱着试试看的心态交稿,没想到编辑毫不犹豫地同意出版。1961年,二十七岁的他出版第一本原创绘本《午夜历险》(*Midnight Adventure*),

故事内容基于他青年时期的叛逆经历——翻墙进入高尔夫球俱乐部，被警察押送回家。

在《鹅妈妈童谣金典》首获"凯特·格林纳威奖"之前，他累计为 24 本书绘制插画。时评家菲利普·亨舍（Philip Hensher）认为布里格斯当时的创作风格是对传统的继承和对其偶像的致敬，"画风温暖，极具道德感，有点神秘，但非常英格兰风格……他让人想起爱德华·阿迪卓恩（Edward Ardizzone）和塞缪尔·帕尔默（Samuel Palmer）"。布里格斯自己也曾提及对同时期类似风格的英国画家斯坦利·斯宾塞（Stanley Spencer）的喜爱。

英国《星期日泰晤士报》撰稿人、童书编辑、文学评论家妮可丽特·琼斯，更多看到布里格斯对插画创作划时代的创新与贡献。在 2020 年出版的布里格斯传记中，她用了大量篇幅回顾其早期创作的突破性和原创性。布里格斯通过一些以民间故事、童话和童谣集为主的作品，充分练习如何把想象具象化、回忆图像化，将所学所长运用于实践，不惧创新，开始逐步形成强烈的个人风格。具有重复性的图样，色彩的明暗质感，绘画技法的组合，空间布局和构图，视角选择和呈现……每一处别人眼里的理所应当都可能是他的试验田，是他表现自己思辨力的载体。

他大胆突破，追求极致，又不失谦卑。他不满足于千篇一律地绘制诸如铺路石、轨道、木栅、砖瓦等细节，每一次都是不同的式样、色彩、质素，但又契合情境。他时而给编辑们提出一些"恼人"的印刷要求，诸如"这幅画作里的色彩，应该和之前类似，但多一点黑色，颗粒感更强一些"。

布里格斯在传统民谣集《白色的土地》（*The White Land*,

1963）中，尝试在印象派风格的油彩画上，叠加粗放动感的墨水画线条，丰富了画作的质感、明暗对比和阅读体验。

他也开始展现对空间比例、冲突矛盾、丑恶悲喜等一些对比性概念的兴趣、思辨和表现力。例如在民间故事集《嘿吼喝哈！》［（*Fee Fi Fo Fum*，1964），该书名源自英国四行诗，因在经典童话故事《杰克与魔豆》中出现而著名，音似海盗的吆喝声，可引起恐惧感］中，布里格斯在书页右侧以彩图绘制众人打架的场景，又在左侧以黑白色素描勾勒巨人视角的孩子们观摩袖珍的众人打架场景，由此稀释画面的暴力感和传递的恐惧感。

布里格斯参与创作的三本童谣故事，吸引了美国童书编辑爱丽丝·特瑞（Alice Torrey）。她联系英国的出版社，商榷可否出版一本"有史以来最为完整的"、可在多个英语国家发行的故事全集。"凯特·格林纳威奖"1966年的获奖作品《鹅妈妈童谣金典》，历经一年半的筹备和创作，由此诞生。

在今天成百上千的鹅妈妈童谣版本中，布里格斯创作的这版仍因其原创性拥有特

布里格斯《鹅妈妈童谣金典》已由乐府文化引进出版

殊的地位：同时代的童书大多由图书设计师负责文字和插图的排版布局。在这本共 224 页、纳入 408 首童谣的书中，布里格斯根据文本内容和情境所需，自己决定 897 幅插画的风格、质感、大小、位置与排版，使得该书风格多元，时而粗放，时而温馨，不拘一格，相映成趣。

例如在原版的第 211 页，他用漫画风格的巨幅插图描绘了一个吹胡子瞪眼、双耳冒出怒气的巨人，追赶着一个一边逃跑一边偷乐的男孩。他巧妙地将两段本不相关的童谣，通过富有想象力的插图结合在了一起。他甚至尝试其他插图技法，在原版的第 99 页，他使用报纸剪报、手绘纸片等拼贴构图，再现了一首关于纸张和墨水的童谣《假如》（*If All the World*）。

获奖盛名为布里格斯带来多份出版邀约，其中不乏佳作，但大多并未走出英语国家。在《圣诞故事集》（*The Christmas Book*，1968）中，他为《柳林风声》和《帕丁顿熊》的节选故事创作插画，在另两本以赛车手为主题的绘本中，他以素描铅笔画来体现极速感

《大象和坏小子》内页（图源：启发文化）

《大象和坏小子》封面，［英］艾尔弗丽达·维庞特著，［英］雷蒙·布力格绘，漪然译，启发文化出品，北京联合出版公司，2013 年 12 月

和科技感。今天来看，这些画作仍不过时、独具魅力。流畅圆润的线条、大胆自信的构图、具有温度的光影色彩对比，奠定了布里格斯的个人创作风格。

出版于 1969 年的《大象和坏小子》（*The Elephant and the Bad Baby*），是同期布里格斯创作中，少数已被引入中文世界的作品。"大象问坏小子：'你要不要去兜风呀？'坏小子回答：'要。'"

文字作者艾尔弗丽达·维庞特（Elfrida Vipont）以重复的句式和押韵的语言，讲述了一个简单有趣的故事：一个吃货男孩，骑着一头寡言的大象，一路"砰咚咚、砰咚咚、砰咚咚"地穿过大街，白吃白喝，引得一众店铺老板和小摊主纷纷追赶。布里格斯以简笔勾勒的冷饮小贩、肉铺老板、糕点师傅、餐厅招待、杂货店店主、糖果店店员、水果摊摊主们，气急败坏，怒目圆睁，惟妙惟肖。这是他第一次有机会，在一本绘本中，如此高密度地图像化现实生活中不同职业不同身份的普通人。这次引起强烈市场反响的创作，是他并非偶然的厚积薄发。

03
冬季不为圣诞节所限，生命里的往复恒在

历经求学、婚姻与职业初期，布里格斯一步步适应社会、觉察自己。他未如父母所愿按部就班地走在传统的阶层跃迁路径上。不知不觉间，他已羽翼渐丰，蓄势待发。在他最喜爱的朝北的二楼工作室里，即将诞生《圣诞老爸》《方格菌》《雪人》等成就其一生盛名的作品。

布里格斯所想象、所具象化的圣诞老人，打破了一贯以来的约定俗成：白胡子、年纪不小、有点胖的形象，乐呵呵地把圣诞礼物送去千家万户。如果说传统的圣诞老人形象更为"圣诞"，是一个神圣、庄严、有力的宗教角色，那么布里格斯的圣诞老人则更接地气，是个有生活原型的"老爸"，甚至理所当然、理直气壮地有些糟脾气：爱吃、爱喝酒，和普通人一样，需要操心柴米油盐，时常

《方格菌》已由乐府文化引进出版

为家务生计所困。

我一直喜欢讨论那些幻想的角色,比如妖魔或者圣诞老人——然后将他们想象为真实的……如果无论天气如何,圣诞老人整晚都必须外出工作——他应该受够这些了吧。别人过圣诞节,他却要为全世界送包裹,谁会真的喜欢这份风雨无阻的辛苦工作呢?为什么他不可以是个坏脾气、倔脾气的老头儿呢?

圣诞老人送包裹,父亲送牛奶,布里格斯洞察了这两份工作的相似性。他记得童年的圣诞节早上,他也需要很早起床帮忙送牛奶。甚至,他让父亲也出现在书中的一个场景中,两个在圣诞节忙碌的打工人打了个照面——圣诞节早晨,送奶工问候同为节日加班人的圣诞老人,"还在忙乎吗,伙计?"这是工人阶级的圣诞老人和工人阶级的父亲的一次邂逅。

布里格斯从不急功近利,他的大多数作品耗时短则数月,长则一两年。《圣诞老爸》也不例外,历经长达一年半,漫长的创作期交织着难以言状的丧亲之痛。布里格斯的父母在1971年相继去世,其后不久,布里格斯开始创作《圣诞老爸》,成稿出版于妻子去世的1973年。父母与妻子都未能在生前分享他成功的喜悦,这成为伴随他一生的遗憾。

《圣诞老爸》的很多画稿,构思、草拟于萨塞克斯郡一家医院的病房里。长期饱受精神分裂症折磨的妻子染上了难以治愈的肺炎,尚未走出失去双亲之痛的布里格斯,又不得不在病房和工作室间辗转。他竭力投入创作,用所爱的工作排解苦闷与压抑;每当和病榻上的妻子分享最新完成的画稿时，他也能获得些许慰藉。

1973年，《圣诞老爸》发行，好心的朋友们试图用忙碌填满他的生活，让他无暇悲伤。他的一个朋友在法国有栋房子，另一个朋友在苏格兰定居，都默契地找他去帮忙。出版商也邀请他前往巴黎、纽约等地参加海外活动。布里格斯经历了一生中旅行最为频繁的一段时间。这些旅行后来为他的第二本圣诞老人绘本《圣诞老爸去旅行》(*Father Christmas Goes on Holiday*, 1975) 提供了灵感："既然我可以旅行，圣诞老人也自然可以。"

《圣诞老爸》获得1973年的"凯特·格林纳威奖"。其原创性、突破性在于，布里格斯第一次将连环漫画（comic strip）和图像小说（graphic novel）引入了英国的绘本创作中，既模糊了两种艺术形式的边界，又为两者正名。也通过这本书，布里格斯的绘本首次进入日本、韩国等非英语国家市场。喜爱日本漫画的当地读者，视布里格斯为英语世界的图像小说家，当其作品于1998年在日本巡展时，引起强烈反响。

妮可丽特·琼斯评论《圣诞老爸》，"既滑稽又哀伤"，"杂糅着现实主义和逃避主义的意象"，"又不乏一如既往的细节化创新"。他通过调整纸面湿度和水质成分增强水彩颜料的颗粒化，使得广场上的积雪更立体，更逼真。他让圣诞老爸像喂马匹一样喂驯鹿，依赖广播而非手机去获取天气预报。他安排猫咪和罗素猊犬用它们的视角带领读者穿梭在屋里屋外……

今天，出生并成长于数码时代的读者，是否能通过布里格斯事无巨细的勾勒，拾回孩童般、慢节奏观察世界的共鸣和深阅读的快乐呢？

1973 年前后，在一次由出版商举办的宴会上，英国插画家海伦·奥克森伯里（Helen Oxenbury）和约翰·伯宁罕（John Burningham）夫妇初识布里格斯，从此开始了他们长达近五十年的友谊。和之后每次在社交场合大家见到的一样，布里格斯不停地查看时间，生怕错过回家的最后一班火车。海伦记得初见布里格斯时，觉得他有点愤世嫉俗，看似性情乖戾，实则为人谦卑，言谈中，眉宇间又有着深深的哀伤，"时值他的第一任妻子简恩刚离开，我不确定他的哀伤是与生俱来的，还是因亲人辞世才如此落寞。那份哀伤与孤独，之后好像从不曾离开他。"

简恩去世后不久，布里格斯在家附近的酒吧遇见了新伴侣丽兹。

我们很合得来，相伴走过了四十年。她是单亲妈妈，当时两个孩子一个八岁，一个六岁。他们家里还有寄宿者，所以家中没有足够的空间给我长期居住。我们渐渐习惯分开居住，我们住在各自的家里，但一直住得很近，很方便走动。在这段时间里，我开始创作《方格菌》的故事。

污魔怪（Bogeyman，有时也拼成 boogeyman 或 boogerman）是欧美民间故事里的一种假想怪物，时有家长用此来吓唬不听话的

小孩，"如果你不听话，怪物就会来啦！"因源自传说，这种怪物的形象并不确定，也因此给了读者和插画家们很多想象空间。布里格斯以《方格菌》（Fungus the Bogeyman, 1977）为名，讲述了他臆想的这种污魔怪的龌龊生活，打造了一个与人类思维和价值观所颠倒的世界。

方格菌的创作原型是他的母亲埃塞尔——不是因为样貌穿着，只是因为脾性的共性。和他的母亲一样，方格菌脾气温和，待人真诚，深爱自己的家庭，是个和平主义者。布里格斯也毫不避讳，方格菌在另一些方面，是其母亲的对立面，例如他并不吹毛求疵，他并不狭隘守旧，他只是认为极度洁净是病态的，语言和思维是他真正的热忱所在。《方格菌》是一个啰唆、冗长、充满细节、极富想象力、具有实验性的故事。在同时代大部分以纯真温馨为基调的儿童绘本里独具一格。

连续两年，朝夕面对黏糊糊、湿淋淋、臭烘烘的故事主角，纠缠于繁复的细节，布里格斯近乎本能地想要用一个纯粹、宁静、干净的故事疗愈自己。某天起床时，屋里的光线呈现和平时不同的质感，"下雪了！"

灵感由此而来，1978年，绘本《雪人》诞生。它讲述了一个男孩和一个雪人进入彼此的日常生活，成为朋友又作别的故事。雪人对屋内的锅碗瓢盆甚至是卫生间里的一切都充满好奇，肆意探索，男孩则如愿和雪人一起，从空中俯瞰被白雪覆盖的英格兰乡野和海边小镇。

这本由彩铅绘成的无字书沿用图像小说的排版布局，似一部无声电影的分镜头剧本。书中的男孩在床头辗转、熟睡的画面，是布里格斯按照其伴侣丽兹的儿子汤姆的模样描绘的。情节简单，节奏缓慢，故事般流畅叙事的图画，具有不言自明的沟通魔法。即使各种文化里早有无数版本的雪人故事，自然和生命的永恒主题仍引起各国读者共鸣，使得这本无字书成为布里格斯作品中销量最大、翻译版本最多、获得国际奖项最多的一本。

2018年，在《雪人》出版四十周年纪念展上，雪莉·休斯（Shirley Hughes）、海伦·奥克森伯里、约翰·伯宁罕、波西·西蒙兹（Posy Simmonds）、克里斯·里德尔（Chris Riddell）等九位屡获"凯特·格林纳威奖"的知名英国插画家都以自己的主题画作向布里格斯致敬。

他们几乎每个人都拥有自己关于冬季或者下雪主题的创作，他们毫不否认布里格斯创作的《雪人》，对他们自己、家人，尤其是孩子们产生的影响。时年九十一岁的雪莉·休斯说，至今每年冬季，她仍和孙辈一起重读《雪人》。波西·西蒙兹谈及自己被某些插页所吸引，凝视许久，"他以极致的柔和，展现丰富的人性和生命的往复：无论是喜剧、悲剧、热忱、温和、恐惧、愤怒、喜悦，还是其他……都最终归于温润。"

《雪人》封面，[英]雷蒙·布力格著，王星译，信谊图画书出品，明天出版社，2009年12月

绘本《雪人》一直是一个关于冬天而非圣诞节的故事。1982年，BBC将其改编成同名电影在4频道播出，收获粉丝无数。该片被提名为第55届奥斯卡最佳动画短片奖"奥斯卡最佳动画短片奖"（Academy Award for Animated Short Film），收获该年度的"英国学术电视奖"（British Academy Television Awards），并成为此后每年圣诞节的必播影片。

影片的动画师希拉里·奥杜斯（Hilary Audus）曾在访谈中提及，他们看到了冬日雪景与圣诞节之间的联系，所以添加了在屋内摆放圣诞树、让雪人飞至北极与圣诞老人邂逅的场景。由此，这个故事拥有了"圣诞专属"标签，而雪人衍生品成为圣诞节礼物之选。实际上在布里格斯的绘本中，他的雪人只是在布莱顿穹顶宫上空飞过，从未离开过英格兰南部。

很多年来，关于"布里格斯不喜欢过圣诞节"的内容，常被作为专访他的文稿标题，容易让读者把他联想为一个脾性古怪的糟老头儿。熟识他的编辑、记者和插画家们则认为，他只是试图撇清自己与消费主义的圣诞节之间的关系，礼貌且克制地令自己不对电影编剧们的创作指手画脚。

他不排斥商业化，但也并不热衷于此。他谦卑地感激改编电影让他变得家喻户晓，但一旦授权文化娱乐公司改编其绘本，即意味着其失去对自己作品的掌控力，这份失去使他深感无力。他希望自己的冬季不为圣诞节所限，他希望自己的绘本，接近自然和生命，而非商业的代名词。他竭力"蜗居"于自己的创作里，继续专注、凝视、记录生命里的悲喜往复，尤其是那些被忽视的、最平常的存在。

04 政治不是孩童的禁忌，绘本不是成人的说教

"我从未为我的读者设想过什么。有些创作者会为特定的孩子群体创作，但我没有孩子，所以我无法用那种形式创作。我只是对我感兴趣的素材进行探索——例如老人，我会思考他住在哪里，他的生活是什么样子——然后把所思所想付诸笔端，让它们跃然纸上，直至我自己满意为止。当然，我希望其他人读到这个故事时也能喜欢它。"

进入20世纪80年代，布里格斯作品的个人风格愈加凸显。政治、人性、环保、家庭，甚至是科技……这一时期，他更直接地涉猎更多一直以来感兴趣的主题，不致力于说教，而是平等地对话。

他对想表达的内容直言不讳，对表达形式和技法细心揣摩。妮可丽特·琼斯评论他，"一个人即一支乐队"，写故事，画插图，设计，排版，编辑，甚至装帧……都由他负责。他构建的想象世界并非如梦如幻的，相反，时常有残酷，有无奈，有遗憾。他无意用经过粉饰的语言和迎合偏好的画面刻意讨好儿童或任何读者，他认为儿童是有独立思辨和阅读品位的个体，拥有和成人一样获取真相、平等对话、自主阅读的权利。

《当风吹来的时候》（*When The Wind Blows*，1982）可能并不是一些编辑或父母等人眼中合格的儿童读物。布里格斯沿用其喜爱且擅长的图像小说形式，讲述了普通百姓吉姆［《绅士吉姆》的主

角吉姆〕和妻子希尔达,在对威权无条件地信任与拥簇的情形下,如何为自己的无知所局限,遭遇核战争的故事。

夫妻俩深信英国政府颁发的《核战防空避难手册》所言,以为钻进纸袋就能躲避灾难。他们的浅薄无知,起初是无所畏惧的盔甲,却很快带他们进入失魂落魄、无能为力的倒计时。对很多读者来说,最震撼的画面莫过于:布里格斯用几近空白的、四周略带粉色灼烧感的跨页,呈现核弹引爆后的毁灭性一刻。故事结尾于极简主义的留白:被黑暗吞噬的屋子,倾斜的房门,惊魂未定的对话,难以辨析身影的夫妻俩……

故事灵感来源于BBC的一部关于如何应对核袭击、保护家人的纪录片《如果炸弹掉下来》(*If the Bomb Drops*)。绘本发行时,正值针对英国持有三叉戟核导弹进行抗议活动的格林汉姆公地妇女和平营(Greenham Common Women's Peace Camp)兴起之时。今天看来,维京童书(Viking Childrens Books)当年决定出版这本反核政治主题的儿童读物实为果敢之举。他们认同布里格斯,并不认为政治是孩童的阅读禁忌,相比"是否可以让孩子阅读政治",更重要的是"如何和孩子讨论政治"。出版商的决定,是对布里格斯等和平主义者的支持,也是对英国政府执意开展核武器研发的抗议。

《当风吹来的时候》于1984年被改编成广播剧在BBC播出,同名动画电影于1986年上映,布里格斯欣然受邀,参与改编创作。并不意外的是,这本影响了20世纪80年代很多英国流行音乐人、文化人和青年人的绘本,因为无须细说的政治和舆论等原因,并未被许多国家引进或引起强烈反响。

布里格斯在接受儿童文学评论家道格拉斯·马丁(Douglas

Martin）的采访时说："如果孩子或者任何年龄的读者，觉得对核议题或任何其他话题没有兴趣，他们有权利选择不阅读，那样也毫无损失。但是，作为创作者，如果我们回避自己感兴趣的主题，或是刻意把内容揉捏成说教性的故事，就是我们最大的失职。"

布里格斯此后的多部作品虽未获得如《圣诞老爸》《雪人》一般的强烈反响，却足以让其创作的最为可贵之处变得更为清晰：他无意回避无知、傲慢、怀有偏见等人性瑕疵，他拒绝浪漫化柴米油盐里的鸡飞狗跳，他偏爱翔实勾勒人间烟火里的朴实温情，他坚信人性复杂多变，可贵在于真实，他用黑色幽默作为对威权的直言进谏。

他以其创作表达其观点：绘本如果只有粉饰的世界、成人的说教，那就相当于将孩子从小置身于带有成见的世界，置身于盲从威权的危险之中。绘本于他而言，是他将自己的内心小孩，坦诚呈现于他的读

《圣诞老爸》封面，［英］雷蒙德·布里格斯著，梅子涵译，爱心树童书出品，新星出版社，2021年8月

者，期待一场平等的对话。1984年，布里格斯作为英国作家、插画家，入选"国际安徒生奖"（插画家奖）提名，并最终获得第二名。

相较失去，更可惜的是对所失去的不回味和不记录。布里格斯一如既往，在他的画作里传递这个信念。父母对他来说意味着太多，即使二十五年后，他仍无法完全走出失去双亲的悲伤，只能以每次最多工作一刻钟的方式草拟有父母身影的画稿。他坚持要用近乎残忍的方式让自己和读者直面"失去"，尤其是最刻骨铭心的那一刻——瘦弱的母亲孤零零地躺在病床上……记录，不带粉饰的纪实，不忽视平淡的真实，是他的使命之一。

1998年，《伦敦一家人》成稿付梓，从艺术表现手法上看，是融布里格斯一生所长的集大成之作。甚至有评论人认为，就文本内容而言，这部小说都值得被提名"布克奖"（The Man Booker Prize）。但"布克奖"只颁给原创小说，非虚构作品并不符合要求。

中国读者通过电影版《伦敦一家人》，了解这个普通英国家庭如何走过数十载，历经二战、福利国家兴起、国际冷战时期，结婚生子，辛苦打拼，育儿终老……有人说，这是英国版的《平如美棠》，也有人觉得，是埃塞尔和厄内斯特平淡无奇、难以共鸣的流水账一生。对英国读者来说，这是一本不是被话语掌控者和历史书写者所讲述的、难能可贵的、记录普通人视角的近代英国编年史，因此被列为英国社会科学和历史课堂里的必读书目。

05 光阴湮灭之时，消逝、留存与传承

"……在享用早餐之前，我会先把前一晚的餐具洗干净。烤吐司片、橘子果酱和一些山羊奶油——它们美味极了。用餐后我会沿着过道走向农场，去看看边境牧羊犬佩珀，给它一些零食，然后回到我自己的房子。我仍然在订瓶装牛奶，因为我的父亲曾是送奶工，我需要用自己的方式支持这一行。取了信件报纸，我会去看看我的邻居，九十一岁的雷恩，有时会给他带一个三明治。我也会给附近其他卧床不起的邻居带点姜汁巧克力。随后我会回到丽兹的房子里，坐在我满是铅笔的桌边，开始插图创作。下午 1:30 左右，我开始吃午饭……2 点的时候，我会躺平休息会儿，午睡对我来说实在太重要了。3 点时，我会出门散步走到教堂的院子里，去看看丽兹的墓……年纪越大，时间流逝得越快。我的日子被琐事充斥着。我喜欢去李维斯的慈善店买东西。有一天，我用 2 英镑买了件衬衫！你当然可以用 80 英镑买衬衫，但我无法想象那样的事发生在我身上。"

在前一段婚姻中，布里格斯曾期待以婚姻的形式给简恩一些安定感。以法律形式存在的婚姻，在简恩常年病痛和家务琐事的消磨之下，掺杂了漫长的无奈。当遇见伴侣丽兹时，他们彼此同意以不进入婚姻的形式，携手后半生。在近四十年的时间里，丽兹见证了他的大部分创作，丽兹的子女甚至是孙辈们给予了他很多创作灵感和温馨时刻。丽兹于 2015 年因帕金森病和阿尔兹海默病辞世。他害怕自己和丽兹一样在失智失忆中无为终了，他把一些关键词写在厨房的门框边，想起什么就加几条。

布里格斯时常否认自己对孩子的熟悉和喜爱，声称自己不了解孩子。他的记者友人和插画家好友们却不认同——"他有一次指着一张有丽兹的三个孙辈的合影说，'这个孩子小时候总爱爬上我的肩膀，很可爱。我会假装设法爬上他肩膀，我们可以一直这样地玩下去。'"——这是一个在孩子面前格外谦卑的可爱倔老头儿。在成人世界里，他不善社交，不够世故，面对自己的创作固执而自信。他不惜和编辑们争得面红耳赤，也不愿向出版商们的一些商业化需求妥协——他拒绝把圣诞老爸本土化、把白金汉宫变成白宫或是删除让圣诞老人有失身份的如厕画面……

在孩童世界里，他一直诚服于孩子们拥有的没有成见的智慧和对"被忽视的"敏感力。晚年的他感念可以再次通过孩子的眼睛体验世界的机会，他把绘本《水坑人》（*Puddleman*, 2004）送给三个孙辈。他一辈子都极为珍视小读者给他的来信和为他的作品"挑刺"——"圣诞老爸吃的三明治不对劲啊！之前是斜对角切开的，之后变成横向的了。"

在这些有温度的陪伴中，布里格斯度过一个个如常的、全新的、孤独的创作日。他在创作人生的最后一部作品——一本絮絮叨叨的手绘诗集《该熄灯了》（*Time for Lights Out*, 2020）。组合运用各种绘画工具和技法一直是他的所长。但这次他摈弃墨水笔、油彩、彩铅、水彩、水粉、蜡笔、粉笔、纸艺，也不再试图创新画板介质，让一切返璞归真，只有铅笔素描和长长短短的诗句，记录那些已离开的、即将离开的、正在回味的、期待留存的和不知觉间被传承的

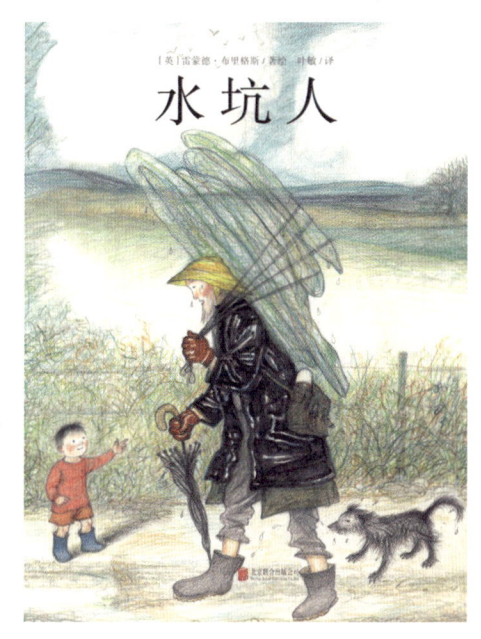

《水坑人》已由乐府文化引进出版

人生片段。

  一直以来，布里格斯极少主动谈及他的教职身份和他的学生们。他在布莱顿艺术学院任教长达三十年，初入校时这是一所并不成气候、并不太知名的艺术学校，"没有教纲，没有教材，行政混乱"，一切靠老师自己琢磨。到他 1986 年退休离校时，他的学生中有包括艾伦·贝克（Alan Baker）、艾恩·贝克（Ian Beck）、克里斯·里德尔等数名活跃在英国插画界、艺术界的知名创作者。

  许多学生都提及，布里格斯对他们的最大启发在于，引导他们观察"被忽视的""最稀松平常的"，发现其间值得记录的价值。他是三次荣获"凯特·格林纳威奖"的插画家。《观察家》政治漫画撰稿人克里斯·里德尔这样回忆他的导师："他非常智慧,极具洞察力,一直鼓励我。他的最大天赋在于启迪他人。他用自己的创作和一生启发我们这一代人,如何以插画创作为生,做真实的自己。"

2012年,布里格斯入选英国漫画家名人堂。2017年,他获颁英国阅读慈善机构图书信托(Book Trust)终身成就奖。插画家海伦·奥克森伯里和约翰·伯宁罕夫妇熟识布里格斯的"外冷内热","他看似暴躁,实则善良至极,有一颗无法更柔软的心。他更在乎在作品里拥有表达的自由,害怕随盛名而来的羁绊与责任——谁会知道,他连续好些年拒绝接受英国'儿童文学桂冠奖'?"该奖项自1999年创设,每两年评选一次,旨在表彰杰出的英国儿童文学写作者和插画创作者。获奖者需履行一些相应的旨在推广宣传儿童文学的职责,例如学校演讲、社区活动、图书巡展等。历年获奖者包括"Nice爷爷"迈克尔·罗森、茱莉亚·唐纳森、克里斯·里德尔等。

业内人士把布里格斯称为"Poet Laureate of British Grumpiness"(英式暴躁的桂冠诗人)。他的诗意,他的洞察,他的真实,他的幽默,他的极致,他的哀伤,他的眷恋……都在他的作品里。在《雪人》出版四十周年的纪念展上,一直记得他的哀伤的海伦·奥克森伯里给他的雪人贴心地补上了一个伴侣,两个雪人翩翩起舞……光阴终有湮灭之时,离开有时是种重逢。岁月带走八十八岁的他。我们所在的这个世界少了一个坚持订瓶装牛奶的老人,会否在某个街区多一个喜欢订瓶装牛奶的孩子呢?

文 / 李茵豆

写《做玩偶的戈蒂》的
玛丽莲·布鲁克·戈夫斯坦

"希望我的绘本简洁
又有力，像石头或贝壳"

玛丽莲·布鲁克·戈夫斯坦（Marilyn Brooke Goffstein，1940—2017），美国作家、插画家。她一生共创作了三十多部作品，代表作有《晚饭吃鱼》《做玩偶的戈蒂》《我和我的船长》《两个钢琴调音师》等。她的作品极具感染力，以标志性的简约风格，生动表现出平淡生活的真实意义。《纽约时报》书评人曾如此评价：能拥有一个戈夫斯坦真是太好了，她发掘了朴素的真谛。

（图源：奇想国童书）

　　绘本《做玩偶的戈蒂》（*Goldie the Dollmaker*）首次出版于 1969 年，它像简洁到极致、仅由钢笔线条构成的画面一样，讲述了一个极其简单的故事。

　　小女孩戈蒂的父母都去世了。她独自居住在一间小小的房子里，延续着父母的工作——制作木头人偶。和父母不一样的是，她非常严肃、认真地对待这份工作，倾注了全部时间和感情，挑选材料，雕刻，上色。她制作的木偶都拥有独一无二的微笑，这也是她的木偶在商店格外受欢迎的原因。

《做玩偶的戈蒂》封面,〔美〕玛丽莲·布鲁克·戈夫斯坦著,阿甲译,奇想国童书出品,南京大学出版社,2020年7月

"它们只是木头人偶而已。"

"我知道。但是我做了它们……所以对我来说,它们不仅仅是木偶。我必须爱它们。而且,对那些买了他们的小女孩来说,它们也不仅仅是木偶而已。"

有一天,戈蒂在销售她木偶的商店里,看见了一盏美丽的台灯。那是一盏来自中国的古董台灯。它太贵了,连店主都不认为会有人买它。而戈蒂看到它的第一眼,就无法忘记。它太美了。她用十八个木偶——制作它们需要花三个月时间——买下了它。朋友得知灯的价格忍不住打趣:

"你知道吗,戈蒂,我觉得,你可真是个艺术家。"

"为什么?"

"因为你疯了。"

戈蒂感到沮丧。当她独自待在工作室，看着小灯发出的微弱灯光时，她想："我好孤单。"

夜里，那盏小灯在梦中对她说话了。

"戈蒂，我是做了这盏灯的人。"
"噢，它好美。"
"是的。因此，我们是朋友。"

戈蒂说："可我并不认识你，你也不认识我。"

"我认识你……我为你做了这盏小灯，无论你是谁。"

这是一个关于艺术家的故事：有关古往今来，艺术和人类的联结，艺术家如何创造，如何通过创造结交知音。

这本小书出版五十多年了，它和它的创作者玛丽莲·布鲁克·戈夫斯坦几乎被遗忘——哪怕她曾凭另一本书《晚饭吃鱼》（*Fish for Supper*）获得过1977年的"凯迪克奖"（The Caldecott Medal）。

在日本一家书店偶然看见戈夫斯坦传记，由谷川俊太郎写的腰封："虽然，我从来没见过你，但好像已经见到了你；若不是读完《做玩偶的戈蒂》深深感动后辗

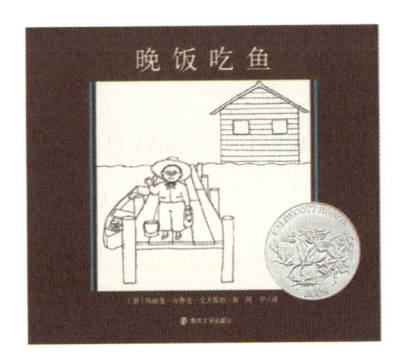

《晚饭吃鱼》封面，［美］玛丽莲·布鲁克·戈夫斯坦著，阿甲译，奇想国童书出品，南京大学出版社，2020年7月

转各个书店与网站寻读她所有绘本，我不会记住玛丽莲·布鲁克·戈夫斯坦的名字并知晓她的故事。现在，我也好希望戈夫斯坦会和我说：'因此，我们是朋友。'"

戈夫斯坦是美国作家、插画家，一生共创作了三十多部作品，但 1990 年以后却停止了出版她的儿童绘本。我们来看看这位艺术家的作品和她独树一帜的创作理念。

01

要花整整九个小时，只为处理一根线条

> 工作是唯一真正的尊严，唯一真正的幸福。如果一个人的生命中没有他愿投身其中的事，那就是白活一场。我的选择是艺术。
>
> ——玛丽莲·布鲁克·戈夫斯坦

1940 年 12 月 20 日，戈夫斯坦出生在美国明尼苏达州的圣保罗市。父亲上了战场，她在只有女性的家庭中度过了幼儿时期。战后，戈夫斯坦的父亲经营公司，从事广播电视相关的行业。每天晚餐后，他都会哼着歌，"脸上浮现一种温暖却遥远的神情，满脑子都是他的生意。"母亲是教师，每日去大学授课。父母努力工作的身影给了戈夫斯坦巨大的影响，她认为工作真是最棒的事，人这一生一定要找到愿投身其中的事。

在中学时，戈夫斯坦的绘画才能已显露。1958 年，戈夫斯坦高中毕业，离开家，去了位于佛蒙特州的本宁顿学院，学习写作、诗歌与艺术。在那里，她开始尝试木雕和小幅的钢笔画，这些都最终奠定了她独一无二的创作风格。她也找到了自己想做的事——画画。

"我认为，重要的不是我能做什么，而是我想做什么。大学时，我感到很惊讶，身边有才华的同学实在太多了。可是，与其跑来跑去地做很多很多事，不如花很长时间寻找、思考你真正想做的事。如果你找到了，并付出努力，那一定会进步成长。"

1963 年，大学毕业后的戈夫斯坦搬去纽约，在书店打着零工，希望成为一个插画师。她兜兜转转拜访各家出版社展示自己的作品，也在一些小书店举行了小小的画展，但始终未获得一个出版绘本的机会。

戈夫斯坦得以踏上绘本作家之路，该感谢一个童书界都知晓的人——莫里斯·桑达克（Maurice Sendak）。1965 年，戈夫斯坦在纽约办了一个小画展，桑达克来参观，并带来了他的编辑朋友迈克尔·迪卡普奥。在后者建议下，戈夫斯坦得以出版第一本书——《盖茨》（*The Gats*）。

迈克尔回忆，当时的戈夫斯坦是"一个有着闪闪发亮眼睛的年轻女孩，满怀激情地致力于以图画和文字构建自己的小小宇宙"。

1966 年至 1979 年，戈夫斯坦投身绘本创作，每年出版至少一本绘本。它们大都以简单凝练的黑白线条画形式呈现。

她的另一位长期合作的编辑——她的经纪人和挚友——克罗尔提起工作中的戈夫斯坦，正如《做玩偶的戈蒂》中的小戈蒂一样，戈夫斯坦总是"努力又安静"地劳作。她会花整整九个小时，只为处理一根线条。"从我 1965 年第一次见到她开始，戈夫斯坦就从未改变过她作为艺术家、要按自己的意愿把事情做到最好的决心。"

戈夫斯坦曾说："在我所有作品中，我想努力展示的最重要的事之一是，努力地工作，创造一些你觉得美好的、值得相信的东西，这样的人生是多么美丽而值得尊敬啊。"

出版于 1970 年的《两个钢琴调音师》（*Two Piano Tuners*），也表现着这一主题。

温斯托克是最好的钢琴调音师。他独自抚养着小孙女黛比。他带小黛比去参加音乐会，让她穿礼服，上钢琴课，演奏曲子，希望她能成为钢琴家。但小黛比每日耳濡目染他的工作，只想穿裤子，拎着工具箱，成为钢琴调音师。

有一天，钢琴家立普曼来镇上演出。温斯托克为他调音。立普曼相信，这份工作，全世界不会有人比温斯托克做得更好。而小黛比偷偷去了另一位钢琴家佩尔曼夫人的家中，自作主张为她的钢琴调音……

"我想，她将来会成为一个蛮可爱的钢琴老师。"佩尔曼夫人说。

"如果不喜欢弹钢琴的人都不去教别人弹钢琴，这个世界会变得更好。"钢琴家立普曼说，"每个人都有义务找到他自己真正想做的事。"

"我想成为钢琴调音师。"小黛比说，"和我爷爷一样好的那种。"

"现在,你,立刻回家,换回你的礼服裙子,不要再试图给钢琴调音了!"温斯托克说。他对立普曼说:"当她听完你的演奏,受到感染,可能就会想成为一名钢琴家了。"

"可是,有什么能比让一个人做自己喜欢的事更好呢?"钢琴家立普曼说。

小黛比很喜欢立普曼的演出,但这令她更坚定了自己要成为调音师的想法。正如调音师的工作区别于钢琴家,戈夫斯坦赞美的"工作"不仅是"艺术创造",也是一种"匠人精神"。一个人找到一件平凡的小事,将它做到专业,并以此谋生,就会有值得尊敬的幸福人生。

02
一间小小的房子,一个大大的花园,一些朋友和很多很多书

十八岁离家上大学前,戈夫斯坦生活在一个平静幸福的家庭。父母各自忙于工作,让她有了相对独立的思考和成长。"如果我生活在一个大家庭,童年时每天都在和家人野餐什么的,可能我会成为一个完全不一样的人。"

让她获得1977年"凯迪克奖"的《晚饭吃鱼》(*Fish for Supper*),是一本承载着和家人回忆的书。

这是一个简单又幸福的故事。"我"的奶奶早上五点钟起床，划小船去湖上钓鱼，钓很多很多鱼，天黑才回家。慢慢吃鱼，早早上床睡觉——这样，第二天，她又可以早上五点钟起床，划船去湖上钓鱼。日复一日，自在满足。

故事来自戈夫斯坦最珍贵的童年回忆——在明尼苏达州湖边和爷爷奶奶一起度过的夏天。主角原型就是戈夫斯坦的奶奶。戈夫斯坦说，当奶奶一眼看到书中画面时，就开心地认了出来："这就是我！这是我的帽子，这是我的裙子。"

尽管在家人的陪伴中长大，戈夫斯坦仍认为，她的绘本诞生于对"孤独"的体会。她从童年时就格外敏感，认为一切事物都有生命，这种感受也成为她日后的创作来源。

在《做玩偶的戈蒂》里，戈蒂坚信每个玩偶都有灵魂。在《我的诺亚方舟》（*My Noah's Ark*）中，小女孩将父亲为她雕刻的木头方舟视作陪伴一生的珍贵礼物，方舟上的动物都是她的伙伴，"像阳光一样温暖着我"。

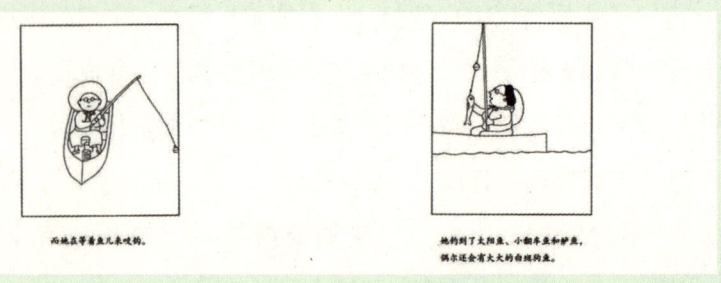

《晚饭吃鱼》插图（图源：奇想国童书）

在《我和我的船长》(Me and My Captain)中,玩偶小女孩望着窗边的木雕小船,相信里面住着一位船长。

他会求我嫁给他。我会邀请他和我一起吃晚餐。他会在桌下给我的狗喂剩下的骨头。我们三个会过温馨的生活。但他是一位船长,总要远行。狗和我会待在家里,就像遇见他之前一样。但我们有了牵挂与等待的人,我们为他许愿,要有一个好天气。

在《我们的雪人》(Our Snowman)中,小女孩和弟弟一起堆了一个雪人,晚餐时,她看着雪人孤独地站在天色渐暗的窗外,感到无比伤心,连甜点都吃不下了。

"我真希望,我们没有堆它啊。"

"如果你为了这种事就哭的话,"妈妈说,"你这辈子都会过得很难。"

堆雪人的情节并非来源于她的童年经历,但戈夫斯坦记得妈妈曾对自己说过一模一样的话,而她当时就哭了。

人或多或少总是孤独,又害怕孤独,于是将感情倾注于原本无生命的、不会动也不会变化的事物。

最能阐释戈夫斯坦对"爱"的理解的,也许是出版于1967年的早年作品,《布鲁奇和她的小羊》(Brookie and Her Lamb)。这本书在日本经由谷川俊太郎翻译、重版发行后,成为她最受当下读者欢迎的作品之一。

布鲁奇有一只小羊,她好爱她的小羊。可小羊什么都不会做。

她想让小羊唱歌，小羊只会咩啊咩啊咩啊。

她想让小羊读书，小羊也只会咩啊咩啊咩啊。

尽管这样，布鲁奇还是好爱她的小羊。

她给它做了温暖的小房子，挠挠它抱抱它，

小羊偎依在她的身边，咩啊咩啊咩啊。

"爱"，就是接受彼此的样子，自然地陪伴，没有要求，也没有改变，不是吗？《布鲁奇和她的小羊》扉页，戈夫斯坦写着："给我的丈夫。"

戈夫斯坦的丈夫大卫·艾伦德是一家出版社的主编。他和戈夫斯坦一同生活数十年，是她工作的见证者，也是伙伴。他们一同居住在纽约郊外，屋外墙壁上雕刻着戈夫斯坦喜欢的话：

一间小小的

房子

一个大大的

花园

一些朋友

和很多很多书

戈夫斯坦居所墙壁上的雕刻

03 创造一些有力量又简洁的东西,像一块石头,或一枚贝壳

> 贝类的壳不仅仅是它的房子,也是它的骨骼,是它用一生的时间形成的。我渐渐开始明白,我的书是一样的东西——是我的工作、我想要捍卫和保护的、在我死去之后将继续留存的。
>
> ——玛丽莲·布鲁克·戈夫斯坦

1990 年初,戈夫斯坦做了一个重要的决定——停止出版任何自己的儿童绘本作品。哪怕合同还没到期,她也努力说服出版社放弃重印和发行自己的书。戈夫斯坦的丈夫大卫·艾伦德回忆说:

"这是一个如此重要又不同寻常的决定,以至于很少人能真的理解。

"这个国家的儿童出版业变了,不再有冒险精神、高尚品格、做决定的勇气。戈夫斯坦最开始很伤心,然后是愤怒,接着她意识到了,这已经不再是属于她的世界。她的创作是关于艺术、艺术家、对自然万物的珍惜之情。她不想被人说'现在的小孩子都喜欢恐龙,所以你也要写点关于恐龙的东西……'。

"戈夫斯坦一直认为,当你对一个孩子谈话,你是在对一个和你一样的人谈话。其他任何行为都是不诚实的。"

这或许是如今我们很难在书店读到她作品的原因，我们生活在一个不再属于她的世界。

对于"绘本"，戈夫斯坦有自己很顽固的理念。小时候，戈夫斯坦第一次读到绘本时，她以为"这是上帝给的，而不是人类创造的"。她对着书中的角色喊："快出来，快出来。"

> 当我第一次知道书是人写的之后，我就想成为一个写书的人。那时我七岁或八岁。我不是内向的孩子，我也喜欢和朋友在一起，但还是最喜欢书了。因为书实在太棒了……我的身边一直都有书，书中的主人公就像是陪我长大的家人。

成为绘本作家后，她认为，自己在以一种仿佛"雕塑"的方式创作绘本，处理画面和文字。雕塑家以为，雕像原本就存在于木头和石头之中，他只是发现了它，并将不需要的部分去掉。

> 所有我书写的故事，原本都已存在于这个世界。我的工作只是接近它。我非常安静、耐心地工作，而且从不放弃。

《做玩偶的戈蒂》最后一张插画（图源：奇想国童书）

> 如果世上不存在绘本这种形式，我不知道自己能不能发明出来。对我来说，它是一个黑白色的、闪闪发光的小小剧场，我是作者、舞台经理、演员。
>
> 我对书写与绘画的理念是相同的：创造一些有力量又简洁的东西，像一块石头，或一枚贝壳。

1985年，她创作了《我的编辑》（*My Editor*），送给克罗尔。在结尾，她写道："出版并不是奇迹，而是这个男人对'那个我'的友谊——我自己都不了解、但很典型的'那个我'：刚洗完澡，穿着格子衬衫，试图表现得聪明。"这本书为二人近二十年的合作画上了句号。

之后长达十一年，戈夫斯坦在帕森斯设计学院任教。教学生如何创作儿童绘本，让她更清晰地理解了自己的创作理念。戈夫斯坦热爱中国古代诗词，尤其是白居易的作品——以最简洁的词句，表达清晰的意思。她教学生"不要在纸上画，要从纸上画。（don't draw ON the paper, draw FROM the paper）"。

> 是什么让你以为孩子们喜欢孩子气的东西？别教孩子如何成为一个孩子，他们想要长大。

对戈夫斯坦而言，这是一段与创作截然不同的时光，似乎没有发生什么重要的事，但感觉幸福。"我真的很喜欢教书，这过程本身就像在写一本书。"

自1980年的《一位艺术家》（*An Artist*）开始，戈夫斯坦用蜡笔、水彩等工具创作绘本。它们都有着柔和美丽的色彩，讲述她关于艺术家的生活和工作、艺术创作的思考。

> 他想要用双手
> 塑造美
> 他尝试从自然中
> 创造秩序
> 他想要画出
> 脑海中的想法与感觉
> 艺术家就像是神
> 而神创造了他

戈夫斯坦说:"我喜欢写艺术家,艺术家是那些致力于比他们更伟大的事物的人。每一天对于他们都很重要。"1982 年出版的《艺术家的生活》(*Lives of the Artists*)中,她介绍了她所热爱的伦勃朗、梵高、莫奈、马蒂斯、高更等艺术家。为了写这本书,她"读他们的传记,看他们的画作,直到感觉他们变成自己生活的一部分"。

1987 年出版的《艺术家的助手们享受夜晚》(*Artists' Helpers Enjoy the Evenings*),艺术家休息以后,艺术家的助手——五支蜡笔——聊天,去咖啡馆,参加派对,甚至去纽约旅行。它们手牵着手在夜空中唱歌:"我们又瘦又高,直到艺术家努力工作,使我们劳损。"

放弃儿童绘本出版后,戈夫斯坦投身于植树与保护动物的工作,也用画作探讨人和自然、家园的联结。

2017 年 12 月 20 日,七十七岁生日这一天,长久患病的戈夫斯坦在医院去世，身边都是爱她的人。她对丈夫说，"照顾好我的工作，还有猫"，并留下最后的诗：

> 我真的拥有了很好的一生
> 美妙的一生

2020年前后，经过数十年中断，在大卫·艾伦德以及编辑克罗尔的努力下，戈夫斯坦的部分作品得以重新印刷。在日本，出版社也精心重印了戈夫斯坦的部分作品（由谷川俊太郎翻译推介，使得新一代读者有机会认识她），并策划出版了她的传记画册。在中国，奇想国引进了她的两本杰作：《做玩偶的戈蒂》和《晚饭吃鱼》。

文/周明刚

写《手绢上的花田》的 安房直子

打开一扇通往世外桃源的门

安房直子（1943—1993），日本著名儿童文学作家，主要作品有《手绢上的花田》《银孔雀》《紫丁香街的帽子屋》《黄昏海的故事》《天鹿》《花香小镇》《红玫瑰旅馆的客人》《风与树的歌》《遥远的野玫瑰村》《直到花豆煮熟》等。安房直子的童话想象瑰丽，虽然是幻想作品，却又有着浓郁的烟火气。她的童话不仅是写给孩子的，也是写给曾经是孩子的大人的。有评论家称其作品"看似是不可思议的幻想故事，却并非荒唐的谎言，而是象征真的人生"。

由少年儿童出版社引进出版的安房直子作品集：《黄昏海的故事》《风与树的歌》《花香小镇》《白鹦鹉的森林》《遥远的野玫瑰村》《银孔雀》

    喜欢安房直子的人，对她"童话森林"里透露的恬淡宁静和忧伤总是深有共鸣。有人评论安房直子幻想小说的最大特点是她"将现实沉入了幻想的底层，从而最大限度地模糊了现实与幻想之间的界限"。

    安房直子性格内向，深居简出，在互联网上能找到的关于她的资料不多，或许是小学到中学的频繁转学给她带来了不安全感和孤独感，使她的幻想中总弥漫着一种无边的寂寞，她却神奇地为这种寂寞注入了美好，使它们看起来一点都不灰暗。除了《天鹿》等为数不多的几部长篇外，她的作品都很短，写得极其精美。她的睿智和淡泊令她笔下不算完美的角色在幻想世界中都获得了治愈。

日本儿童文学作家安房直子，本名峰岸直子，毕业于日本女子大学国文科。1969 年发表成名作《花椒娃娃》，获第三届"日本儿童文学家协会新人奖"，从此走上幻想小说创作之路，其作品《狐狸的窗户》曾被收入 1992 年日本小学教材。国内接力出版社和少年儿童出版社等多家出版社曾引进出版过她的大部分代表作品。

　　她的"童话森林"有着浓郁的日本民间气息，故事中常常出现古老而神秘的精灵，以"随风潜入夜"的方式悄然而至，单纯，美好，自然。安房直子的幻想故事不仅是写给孩子的，更是写给孩子背后那些忙得焦头烂额的大人们的。接下来结合她的作品，让我们一起来领略独具特色的安房式"气味"与"微"的美学。

01

独具特色的安房式"气味"与"微"的美学

　　中国古典小说集《聊斋志异》中曾描述了这样一个有趣的情节：一位盲僧只通过嗅闻纸张燃烧后的气味，就能判断所抄录文章水平的高低。相信大部分阅读安房直子幻想作品的读者不用通过焚烧，不须具备盲僧的异能，也能轻易感受到独具特色的安房式"气味"：那梦幻迷离的故事氛围、细腻温柔的笔触、兼具东西方特质的元素、孤独自伤的灵魂、悲喜交集的情绪……在作者微妙的"调和"下，融合成让人回味不尽的文学梦幻气息与滋味，甚至让人沉溺其中，难以自拔。

调和安房式文学气息与滋味，最关键的是"微"的手法。安房直子善于捕捉生活中具有美感的情景片段或微小元素，"比方说像雪夜中亮着的橘黄色的灯、在一片油菜花田里跑着的女孩子的身影、在森林里歇息的一大群白鸟。有时，则仅仅是蓝的或绿的颜色。"①

从极细微处着手，咀嚼其中隽永的审美滋味，从瞬间感受到无尽的时间、空间与人，将其置于审美幻想中予以生发。于是，一条鲜艳得耀眼的黄围巾、一串能引起回忆的风铃、一片蓝色的桔梗花田或大蓟原野、一点风雪夜中闪现的灯光、一面绣着银绿两色孔雀的旗帜……都能成为安房所谓"心象"的幻想世界生长点，从而延展出繁复而独具气息的安房童话森林。

从这个"心象"开始，安房又着力描写那些微妙的情感或难以启齿的复杂心绪或最为幽暗的伤痛：《黄围巾》用黄围巾的取舍与召唤，来表达渴望明亮而快乐生活的独居老人对心中藩篱的突围；《花椒娃娃》《蓝色的线》都描写了懵懂而无望的少女爱情的幻灭，将少女微妙朦胧的心绪表现得贴切而动人；《紫丁香街的帽子屋》则将中年危机纾解为暂时在幻想世界中的逃离和喘息，不断编织着

---

① 引自安房直子作品中文译者彭懿文章。

的帽子就好像不断寻找的失落生活之梦；《火影的梦》《中了魔法的舌头》《蓝色的花》都有因惑于名利物欲而丧失本心的复杂心曲与悔痛，而《不可思议的文具店》《雪窗》《白鹦鹉的森林》《鹤之家》等作品则从不同角度表现了死亡的哀痛、郁结和疗愈。

这些微妙的心绪在安房笔下，集中在一点或多点微小元素，像毛笔晕染，慢慢涂抹出一片奇异色彩，并渗入读者心灵中，将我们也带入那个独具特质的安房式"气味"中：安房作品中幻境与现实常常缺乏明显的边界，像水墨在毛边纸上的洇开与渐没。

《绿蝶》汲取了日本怪谈小说的技巧，以五月夕阳下花丛中绿蝶的飞舞为幻想生长点，当"我"着魔一般疯狂追捕蝴蝶时，读者已经不经意间跟随踏入了幻想世界。《蓝色的线》则集中在蓝色的毛线上，以编织围脖和翻花鼓的动作来表达千代和周一的执念和幻觉，并将不同时空中两人相似的命运奇妙地连接在一起。而《狐狸的窗户》《大蓟原野》《秋天的风铃》《火影的梦》则分别利用广阔的花草色彩、光影的幻觉来生发和建构出幻想世界。

02 打通全身感官，丰富"微"的层次与质感

日本设计大师黑川雅之认为："日本人感觉的'微'，与感知气场的'体感'或者说'通过身体的全身感知'能力有关"。为了丰富"微"的气味的层次与质感，安房调动了多元身体感官来表达

微妙感受，并将其尽力传达给读者。

熟悉安房作品的读者都知道，她笔下的视觉色彩非常丰富，有研究者曾将其作品按色彩形象划分为蓝色体系、橘黄色体系、绿色体系、粉红色体系等。当然，如安房自己坦陈，她最爱的还是蓝色，所以我们在她笔下能看到纷繁的蓝色事物：蓝色植物、蓝色用具、蓝色服饰、蓝色染料、蓝色动物，甚至一位角色的名字就叫"蓝"。安房选用的大多是明度较高的颜色，在色彩组合上更易于引起读者的梦幻感。

在《秋天的声音》《原野之音》《秋天的风铃》《康乃馨的声音》《响板》《声音的森林》《来自大海的电话》《夏天的梦》等作品中，安房则围绕声音来丰富内容：或描写声音所产生的微妙感觉，如"传来了天上的星星一起摇响的声音"；或表现声音具有的特殊魔力，如响板声可以使信太被悬铃木诱惑和俘获，如老榭树林模仿动物的声音使其迷失。对味觉和嗅觉的描写，则大多与食物有关：《桔梗的女儿》《酱萝卜之夜》和《月夜的桌布》等作品，都集中写到了对于山里风味的烹饪与品尝；《紫丁香街的帽子屋》中，品尝彩虹刺身仿佛"啖着往昔的回忆"，还可以令主人公年轻三十岁；《中了魔法的舌头》更集中描写了一个关于烹饪和生活真味的故事。

也许这和安房常常在厨房写作有关，"一边咕嘟咕嘟地炖着菜，一边写。"有时候气味也会引起角色的情感遐想，在《熊之火》中小森嗅到巨熊"散发出一股让人怀念的干草的味道"，在攀谈中把大熊当成了自己的父亲；《桔梗的女儿》中木匠新吉品尝到新媳妇做的饭菜想起了山里的娘。

打通全身各种感官，或者将虚无缥缈的事物通过感觉赋予质

由接力出版社引进出版的安房直子月光童话系列作品。（月光童话系列全套包括：《手绢上的花田》《直到花豆煮熟》《风的旱冰鞋》《兔子屋的秘密》《红玫瑰旅馆的客人》《天鹿》《扑克屋的房子》）

感，这是安房审美感受的一个特点。她将天空比作玻璃，将沉静孤独比喻为坐在海底，花的影子可以穿在链上当护身符，憧憬心绪可以用两根绷紧的蓝线表示，夕阳下山可以有"唰、唰、唰唰"声，月光可以变成湿淋淋的丝线，秋天的风铃"让我想起了星星闪闪烁烁的声音"，森林之声可以化作可怕的旋涡，大海的颜色是一首优美的无字歌，艾蒿丸子蘸上甜豆沙吃身体会有春天来了的感觉，而远眺山中车站的灯光会让人怀念得想哭。如果说安房在"心象"视觉营建上像画家，在审美感受的捕捉和提炼上则更像是诗人。

安房曾说："我常常会为了把某一天浮上心头的一个'心象'，让别人的眼睛也能够看到一般地栩栩如生地描绘出来，仅仅是为了这个目的，就想写一篇作品。"正是前述各种感官所呈现出的丰富审美感受，还可以令主人公年轻三十岁将安房努力想描绘的那个神奇"心象"，立体、直感、多元地呈现在读者面前，打开了通往异世界的大门，才能使我们真切体验到那独特的安房式"气味"。

这样的"气味"通过丰富入微的感受、细腻动人的笔法、奇妙的想象和对人性幽微处的不懈挖掘渗透到读者心田，微妙撩拨着我们的心弦，如《花香小镇》中所言："一旦吸满了胸膛，说不出什么地方就会一阵阵地痛楚，然后，藏在身体的什么地方的某一件乐器，突然一下，就啜泣一般地奏响了。"这奏响的余音如此悠长，以至于读完安房作品的读者往往会沉浸在渺茫的惆怅中。

不但如此，在"微"美学的调和和指引下，安房作品中选取的幻想环境和元素也具有特殊的"气味"。她笔下的幻想故事往往发生在乡村，特别是山村，即使少数非乡村情景作品，也极少触及具体的现代城镇环境或复杂人际关系描写，显得寥落而单纯。而伴随着安房的乡村背景癖好，是一系列的乡村元素高频出现，如乡野动

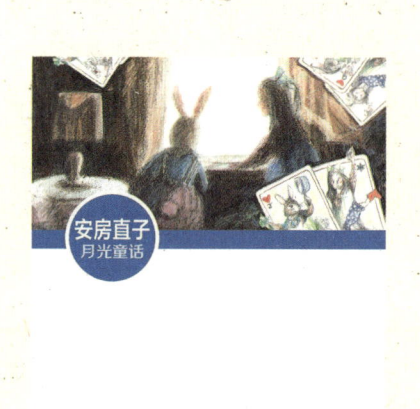

《扑克牌里的房子》封面，[日]安房直子著，[日]田中槇子绘，彭懿、周龙梅译，接力出版社，2022年3月

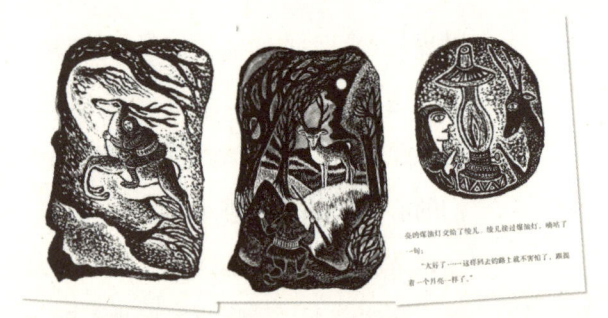

安房直子作品《巨鹿》插图（图源：接力出版社）

植物、乡村土著、工匠职人、乡土美味、乡村歌戏、昔话怪谈、精灵鬼怪、民俗风物、神隐幻化等，这些乡村环境和元素为作品营造了悠远而神秘的氛围，并为人与（人化）动植物、神怪等杂处往来，发生奇妙故事创造了条件和合理性。以上这些综合起来可以称作安房作品的"乡野性"。

安房本人曾经连续多年夏天居住于长野县东南轻井泽的山间小屋里安静地写作，也许那样的起居环境滋养了她敏锐的感受，丰富了她的想象，也给了她更多的写作灵感，因此她偏爱营造作品的"乡野性"。这种"乡野性"给了她从容而细腻地去营构幻想世界的机会，去更加微妙地展现那些复杂的心绪和塑造"童话森林"中角色，并赋予作品一种古典气息。

但在这表面的古典气息之下是现代的写作技法和观念。就写作技法来看，安房虽借用了部分古典幻想故事的元素和桥段，但已经基本摆脱了传统幻想故事的叙事模式和语言，还尝试了不同叙事和技巧的写作方式：有以第一人称独白结构全篇，有幻觉与现实的交错，有对怪谈或昔话的改写和模仿，有尝试变换多种不同时空切换连接方式，等等。

03 关注人的境遇和人心的微妙变化

最为关键的是，她的写作从传统幻想作品注重传奇性转向日常与传奇并行，从对情节的关注转向对人的关注。人的境遇、人心的微妙变化和人性的幽微之处才是她关注的核心。

在她的笔下几乎没有完整幸福人生的主角，他们总是有着这样那样的缺憾、伤痛、郁结、卑琐和不满。《狐狸的窗户》《雪窗》《火影的梦》之类的作品主人公失去了亲人，《小鸟和玫瑰》《天空颜色的摇椅》中的主人公则有体质的不足或缺损，《遥远的野玫瑰村》《秋天的声音》《黄围巾》等作品中的主角则有衰老和独居的寂寞。而且他们大多是群体中相对边缘化的畸零者，如安房所说，她的童话森林中"住在里头的，几乎都是孤独、纯洁、笨手笨脚而又不善于处世者"。

而安房的"微"美学就是表现这些畸零者的境遇、内心的微妙变化的美学，是对幽微人性探寻的美学。她极力调动的多感官微妙感受和感官的打通也是为了导引读者进入真实人性的世界，更加贴近和理解那些"孤独、纯洁、笨手笨脚而又不善于处世者"。

《桔梗的女儿》通过对红色饭碗及食物的态度表现欲望驱使下

淳朴之人背离本性的悲剧。《花椒娃娃》通过童年嬉戏与成人后变迁对比，一层层翻出更加无望的爱情。《火影的梦》因物而失人的悔恨，在似幻似真的炉火中得到了补偿。《银孔雀》以两种颜色孔雀图案的编织隐喻固守的老者与希望走向新天地的青年之间观念的冲突与悲剧。《紫丁香街的帽子屋》中主人公在紫丁香光芒中的青春追忆和慨叹反衬出现实中中年人的无力、无趣和无奈。《黄围巾》中老人既渴望自在生活又受制于自我观念和他人目光，内心冲突聚焦于黄围巾的佩戴上，在黄围巾的召唤下终于突破了心的壁障。《蓝色的线》以毛线的编织与翻戏表现人物情感的微妙变化和两个命运相怜的畸零者隔着时空的理解与吸引。

所以，安房式"微"美学是以艺术的方式对微妙人性的观照，如她自己所言，那片漆黑总有风呼呼吹过的童话森林，"像月光似的，常常会有微弱的光照进来，能模模糊糊地看得见里头的东西"。她温柔得怕惊动什么似的"微"艺术气息，正是想带领读者小心翼翼地去探访那些孤独、脆弱而残损的"东西"，因为这上面也有着安房自己的一点影子、一片灵魂——展示自我的幽暗之处总是艰难而犹疑的。

04

在幻想世界里完成对自我的疗愈

一岁时被过继给姨母成为养女，直到很晚才知晓自己的身世；

童年时代因父亲工作原因几乎一直在转学中度过,性格比较内向;在特别重视体育的日本校园环境中成长,却又不擅长体育(《小鸟与玫瑰》中的小个子少女正是自我映射)。以上种种交织起来,给安房的内心造成了很大的不安感和缺乏归属感,使得安房的性格里总有一种孤独、忧伤,甚至趋于封闭的特质。因此,安房安排笔下的角色在幻想世界的治愈,其实就是对自我的疗愈,那温柔的气息也是对自我受伤心灵的呵护。她的幻想作品其实是用艺术的方式对现实敞开自我。

因此,安房对笔下的角色总是同情与悲悯的,情节上极少出现古典作品中那种善恶分明、冲突激烈、结局注定式的戏剧化结构,更多集中于内心的犹疑或灵魂的迷失。没有绝望的挣扎,没有绝对的反角,"哀而不伤,乐而不淫",对那些犯错者、侵害者似乎也不忍苛责,连妖魔鬼怪也变得可爱起来。安房的作品气味是"柔化"和"温和"的。

《狐狸的窗户》中的猎人本来盘算要杀死狐狸,却不知不觉地做了狐狸的客人,明明已经识破小狐狸幻化的店员,心绪却转向"茶都给倒了,不点什么也对不住人家啊"。《熊之火》中的巨熊坦陈饥饿的时候"说不定还会吃人",却幽默地识破小森的装死,它的皮毛暖意、烟草气味和随和态度,安抚了被同伴撇下的主人公,甚至产生了可以倾诉依靠的幻觉。囚禁少女于梦中的老海龟意识到自己干了坏事和感动于良太的赤诚,以牺牲百年寿命成全了一对爱人。雨点宝宝因为女孩送去的砂糖而没有摧毁结怨的村庄。

就连她笔下频繁出现的死亡也没有那么可怖和悲伤:类似鼹吉跌入深井,弥留之际感觉在果冻一般的蓝色中向天上飞去这样的描写，安房在《不可思议的文具店》《雪窗》《白鹦鹉的森林》《鹤之家》这些以死亡及其伤痛为中心的作品中，都将死亡处理为轻盈化和梦幻化。

　　黑川雅之分析日本审美关键词之一的"微"，即是"细节中体现整体"的理念："'现在'中有时间的一切，'这里'有空间的一切，'个体'内有人的一切。"并且指出，"要想知道人是什么，从自己的外部去寻找是看不到的，只有挖掘自己的内心深处，才能看到'人'的本质。"我想，这也许就是安房的作品打动不同时间、地域、年龄和身份读者的地方，因为安房对文学"个体"幽微内心的挖掘，恰恰也反映了现实中每个人的灵魂；从那些"孤独、纯洁、笨手笨脚而又不善于处世者"身上，读者也看到了自己内心迷茫、脆弱、残损、纠结等黑暗而隐秘的一面，从而产生悲戚与共鸣。

　　读者将会感怀于安房未用热辣阳光去曝光这一面，而是以温柔安宁的月光洒落在"漆黑的森林"中。这月光不仅仅是作品所散发出安抚心灵的独特气息，也是安房用幻想打开的另一个世界维度。在那里，无论是成长中的孩子还是被生活磨蚀的成人，都可以从中得到抚慰、补偿和疗愈，得到爱、勇气和希望，从而再次拥有面对现实的力量，就像从魔法花园中逃出的小个子少女一样，变得"像玫瑰花一样美丽、像小鸟一样明朗"。

文/王铭博

写《我爸爸》和《我妈妈》的
安东尼·布朗

为孩子画出表象之下的真实

安东尼·布朗（Anthony Browne，1946—），英国人，当代最知名、最受欢迎的绘本大师之一，作品斩获多项重量级国际大奖。

安东尼·布朗创作的图画书以超现实风格著称，代表作品有《我爸爸》《我妈妈》《大猩猩》《胆小鬼威利》《公园里的声音》等。

安东尼·布朗认为在为童书作插画时，最重要的是以孩子们的思考方式看待世界。他的作品充满无限的神秘与惊奇。

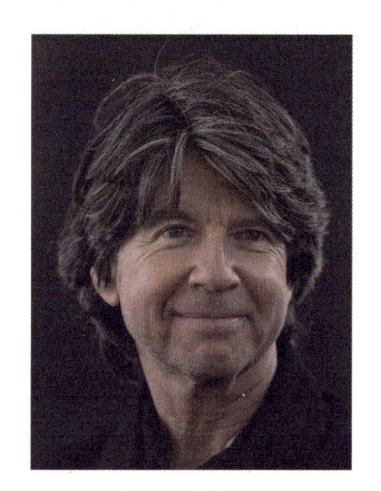

安东尼·布朗（*Anthony Browne*）（图源：启发文化）

  初入绘本世界的人，大概都听说过安东尼·布朗的《我爸爸》和《我妈妈》。这两本书切中了孩子与父母之间深切的情感关系，几乎被每家书店摆在童书区显眼的位置。

  安东尼·布朗作为将超现实主义风格融入插画并获得全球性成功的绘本创作者，他的作品里藏着深厚的情感——对父亲的依恋与不舍，对猩猩这一与人类极其相似的动物的喜爱，还有从儿时起就对超现实主义绘画的迷恋……当然，还有永远令他充满信心的儿童的智慧与洞察力。让我们就走进安东尼·布朗的创作世界。

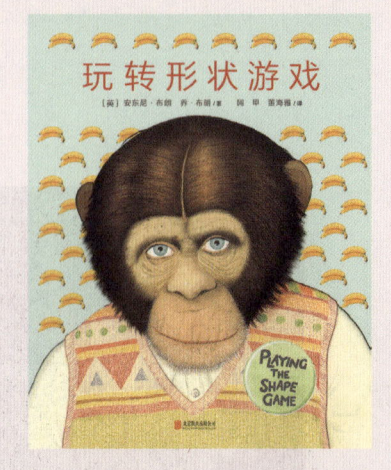

《玩转形状游戏》封面，[英]安东尼·布朗、乔·布朗著，阿甲、董海雅译，启发文化出品，北京联合出版公司，2022年3月

安东尼·布朗1946年出生于英国，自1976年发表首部作品《穿越魔镜》以来，已出版五十余部作品。他曾获得2000年"国际安徒生奖"（插画家奖），并两度获得英国"凯特·格林纳威奖"，2009年还被评为2009—2011跨年英国"儿童文学桂冠奖"作家，以表彰他在儿童文学领域做出的杰出贡献。除了《我爸爸》和《我妈妈》，他为人熟知的经典作品还有《大猩猩》和"威利"系列。

不久前，启发文化引进出版了安东尼·布朗的传记《玩转形状游戏》，其收录的超过200幅插画中，大部分图画里都出现了猩猩，它已成了安东尼·布朗的一个标签，但如果你只是零星看过他的绘本，或许这种视觉冲击没有这么强烈。

事实上猩猩一定程度上代表了安东尼·布朗自己，他把他对儿童的理解和他的家庭价值观都放在猩猩身上，赋予了猩猩很多人类才有的个性，又运用超现实主义的创作手法，在从一个物体变成另一个物体的变形游戏中，隐含了他想要表达的故事。

01

讲述父亲的故事，就像没有失去他一样

《我爸爸》是一本积极、阳光又动人的绘本，画面里的爸爸明亮、幽默又笨拙，父亲为孩子带来的快乐与安全感从画面中溢出。但这样一本明亮至极的绘本背后，却是安东尼·布朗一生无法愈合的创伤和痛苦。

儿时，安东尼·布朗确实认为父亲是无所不能的。他的童年是在爷爷的红狮子酒馆里度过的，他喜欢站在桌子上讲"笨汉塔哥"的故事，把那些来喝酒的粗野男人逗得哈哈大笑。

安东尼的父亲是一个富有男子气概、勇敢又细腻的男人，很爱画画，曾在谢菲尔德的一所学校做过美术老师。他在酒馆工作的时候，也会画些漫画。他曾在二战期间入伍，在北非战斗，并在战争结束后被授予十字勋章。他还是戏剧爱好者，每年会在当地的业余戏剧社排演童话剧。安东尼在《玩转形状游戏》中回忆道：

> 他在《鲁滨逊漂流记》中最精彩的表演是扮成土著酋长，卖力地演绎"古老黑魔法"那一段，他一边敲打着邦戈鼓，一边用浑厚的男中音歌唱。有一阵子，他在谢菲尔德的一个爵

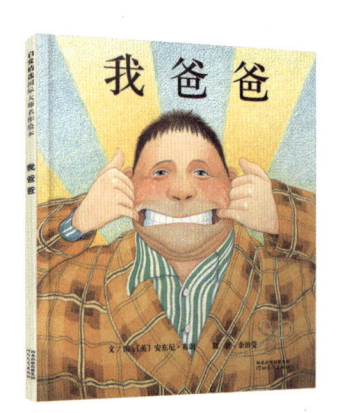

《我爸爸》封面，[英]安东尼·布朗著，余治莹译，启发文化出品，河北教育出版社，2007年4月

《我的家人》，安东尼·布朗于2006年为《玩转形状游戏》绘制（图源：启发文化）

士乐队里担任歌手兼鼓手，他们录制了一些非常棒的专业唱片。

安东尼的哥哥迈克尔比他早两年上学，安东尼每天下午最重要的一件事就是扮演成不同的角色，和爸爸去接哥哥放学，"我们会装扮成牛仔、士兵或海盗，全看当时流行什么。"

安东尼的父亲还是一名橄榄球运动员和拳击手，这使他的性格中有攻击性的一面。他不仅鼓励儿子们画画，还鼓励他们锻炼强健的体格，但这样一位父亲，为安东尼打下了生命的丰富底色后，却在他十八岁的时候在全家人的面前猝然离世。

过了二十分钟,爸爸死了。抽搐停止了,他躺在那儿,看起来很可怕。他的脸变紫了,嘴巴变蓝了……仿佛有什么邪恶力量闯进我们家,毁掉了最宝贵的东西,我们眼睁睁地看着那个给我们毕生保护和指引的男人——城堡之王、钢铁侠——就这么没了。

父亲的突然离世深刻地影响了安东尼·布朗的创作。他想到人体的脆弱,开始对人体着迷,"我开始相信存在主义,有一阵子,一切都毫无目的……我当时创作的每一件艺术作品都充满了黑暗……"

在之后多年的绘本创作中,"家庭"与"父亲"一直是安东尼·布朗创作的重要主题。他描绘了各种家庭,但这些家庭都有各种各样的问题——许多读者认为,这些问题基本上是由家里的父亲造成的。安东尼·布朗在《玩转形状游戏》中对此进行了回应:

在我的书中,爸爸们呈现出一大堆性格缺陷:《汉赛尔与格莱特》中的爸爸软弱、怕老婆,《大猩猩》中的爸爸冷漠、不易亲近,《朱家故事》中的爸爸很懒惰,《大婴儿》中的杨先生很自负,《动物园》中的爸爸简直就是个小丑。

《我爸爸》插图(图源:启发文化)

《大猩猩》封面，[英]安东尼·布朗著，林良译，启发文化出品，河北教育出版社，2007年4月

　　书中的这些爸爸日子都不太好过，我想原因之一，与我的爸爸有关。虽然他留给我的记忆除了爱就是钦佩，但也许在潜意识里，我对他还有些愤怒（尽管是非理性的），因为他在我生命中那样一个关键时刻离开了。

　　在与逝去的父亲复杂的情感纠葛中，安东尼一直想创作一本和自己爸爸有关的书，反映爸爸"积极、阳光的一面"来证明自己并没有凸显坏爸爸的动机。但他并没有获得合适的灵感与方法，直到有一天，他在一个被遗忘的手提箱里发现爸爸的旧睡袍。

我从提箱里拿出睡袍，捧在手上，转瞬间被带回到五岁左右的时光。几十年来我第一次记起，一个小男孩认为自己爸爸无所不能是怎样的感觉……这件令人怀旧的睡袍激发了我的灵感，我想专门写一个关于我爸爸的故事，写我小时候对他的感觉。

这个故事就是出版于2000年的《我爸爸》，而在此之前，安东尼·布朗已创作了三十余本绘本。在《我爸爸》中，睡袍的图案成为一个情感的索引，贯穿始终。安东尼用自己五岁的视角，重塑了他深爱并崇敬的父亲带给他的绝对安全感。在安东尼的绘本中始终潜藏的悲伤底色这回并没有出现，在故事的结尾，他画了一个父亲能够给孩子的最最充满爱的拥抱。

"这可能是我画过的最幸福的画面。"

安东尼坦言，《我爸爸》《我妈妈》《我哥哥》三本书总结了他对家庭价值最真实的感受，但哪怕这样幸福的家庭，在一次痛心刻骨的意外后再也无法复原。

02

为什么总是猩猩？与现实相近又背离

在能够坦率地画出真实的父亲和儿时的自己之前，安东尼·布朗借用大猩猩和黑猩猩的形象来讲述自己的故事。1983年，他创作了第一本以大猩猩为主角的绘本《大猩猩》，为他赢得了"库特·麦奇勒奖"（Kurt Maschler Award）和"凯特·格林纳威奖"。在这本书中，大猩猩替代了缺失的父亲角色。小女孩安娜的爸爸总是很忙，父女之间十分疏离。安娜喜欢大猩猩，她生日收到的大猩猩玩具变成了真的大猩猩。它戴上爸爸的帽子，穿上爸爸的大衣，带安娜去做了所有她想和爸爸一起去做的事情。这样的设定对于安东尼·布朗来说是自然而然的。

每当我看到大猩猩，就会想到我爸爸。大猩猩是极其强悍的动物，出于某种需要，会表现出惊人的攻击性，但它们也有温柔的一面，体现在互相梳理毛发、表达爱意和照顾家人等方面。

此后，大猩猩频频出现在安东尼·布朗的图画世界中。除了变成强大又细腻的父亲，大猩猩还有各种各样的其他角色：《胆小鬼威利》中，大猩猩是比黑猩猩威利强大很多的小混混，《公园里的声音》中大猩猩是上层阶级的阔太太、潦倒的贫穷男人……

而对于安东尼·布朗来说，还有另外一只了不起的大猩猩——金刚。这只著名的大猩猩角色浓缩了安东尼·布朗所喜爱的所有大猩猩的特质，"强壮有力，破坏力十足，但拥有一颗爱心，能够化解威胁"。

1994年，安东尼·布朗重新演绎了《金刚》这个人尽皆知的故事，他将这本书献给他的父亲。他说：

画金刚从帝国大厦坠落的画面时，我的内心颇有触动，因为这让我想起爸爸在我面前倒下并离世的一幕。

在能够坦然面对痛彻心扉的失去之前，围绕着大猩猩的创作给了安东尼·布朗一个现实与创作之间的保护网——他既能在丧失感面前保护自己，又能将浓烈复杂的情感融入作品中，哪怕是强烈的痛苦。

安东尼·布朗早在就读利兹艺术学院的时候，就对动物与人之间的共通性产生兴趣。他认为，人身上有极强的动物性："就我们的一切意识和逻辑而言，我们所做的决定是由自身的动物本能决定的。"这也是为什么他着迷于与猩猩对视。

当一个人长时间近距离和一只猩猩对视，能恍惚间在它平静湿润的眼睛里看到一个人，一个更清澈、包容、有智慧的人。安东尼·布朗喜爱类人猿带来的这种"对人性的一种奇怪背离"，因为"这与我在作品中所呈现的超现实主义的另类现实相吻合"。

如果说大猩猩在安东尼·布朗的作品中象征着父亲与力量，那么瘦小温和的黑猩猩则更像儿时的安东尼自己。儿时的安东尼·布朗是一个有些神经质的孩子，他在睡前要把衣橱和床底下都检查一遍才能入睡。在被问到黑猩猩威利是否就是他自己时，安东尼·布朗说：

> 威利应对生活的方式就像个孩子……身为弟弟，我一直是在哥哥的阴影下长大的……我常常感觉自己又弱小又可怜。对迈克尔和他的朋友来说，我有时就像是异类。

这种儿时的体验被直观地表现在黑猩猩威利的生活中——他是生活在大猩猩群中瘦小的黑猩猩，面对着更强壮、傲慢的异类，时时刻刻觉得自己是个"局外人"。

从 1984 年第一本以威利为主角的《胆小鬼威利》开始，安东尼·布朗已创作了八本以威利为主角的绘本，而黑猩猩威利也几乎可以说是最受孩子们欢迎的绘本形象之一。

《胆小鬼威利》是一个有趣又动人的故事。威利有一颗柔软的心，他出门散步怕踩到小虫子，被人撞到也会先道歉，喜欢看书，讨厌被强壮的大猩猩们叫"胆小鬼"。有一天，他看到一则健身课程广告，为了变得强壮，他参与了课程。变得魁梧的威利吓跑了欺负人的大猩猩，保护了朋友米莉……有趣的是，当他喜滋滋地离开时，撞上了灯柱，威利下意识地道了个歉！

这个故事动人之处在于，威利变强是为了保护自己与他人，而他的柔软的心从始至终都没有改变。在黑猩猩威利的故事中，安东尼·布朗画出了孩子的天真与脆弱感，黑猩猩威利的处境也正是孩子的处境。

生活中，我们经常发现自己处于一种感觉不如身边大多数人的境地，但我认为这种感觉对孩子们来说特别熟悉。孩子们生活在一个由成年人主导的世界，在这个世界里，他们相对弱小、懵懂，没有话语权，总是要承受哥哥、姐姐、父母和老师的发号施令。生活总是令人望而生畏的……

而令孩子们感到振奋的是，他们可以体会到在威利弱小的身体与谦卑干净的眼神中，流露出的偌大勇气——靠自己的行动去争取，但不改变自我的

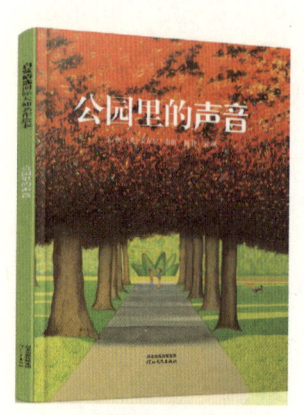

《公园里的声音》封面，[英] 安东尼·布朗著，宋珮译，启发文化出品，河北教育出版社，2012年10月

勇气。

安东尼曾收到一封来自澳大利亚的小读者的信,那封信是写给威利的:

亲爱的威利:你不必又大又壮。走路要看路哦。

03 超现实主义绘本:看见表象之下的真实

在创作中,安东尼·布朗也将极强的艺术色彩融入作品,获得了童书界全方位的认可。2000 年他获得"国际安徒生奖"(插画家奖),评委如此评价作为绘本艺术家的安东尼·布朗:"布朗是位才华卓越的艺术家,他有极高的绘画技巧,想象力也超乎常人,他引领绘本进入全新领域。"这里的全新领域是他将超现实主义艺术融入给孩子讲述的故事,并让两者都趣味横生、焕发光彩。

就读高中的时候,安东尼·布朗就在学校图书馆里接触了超现实主义绘画——萨尔瓦多·达利《记忆的永恒》(*The Persistence of Memory*)中融化的时钟、勒内·马格利特《听音室》(*The Listening Room*)中充满整个房间的巨大苹果、梅雷特·奥本海姆的雕塑作品《皮毛餐具》(*Object*),这些艺术作品将寻常事物变形,从而描绘并揭露人们潜意识中超越现实的真实。

安东尼·布朗被迷住了,他既觉得这些极具先锋性的超现实主义艺术作品为他打开了一种创作的可能，同时又觉得非常熟悉，好像这种潜意识中的真实就是他一直以来在创作中所看重的。在成为知名绘本艺术家后，安东尼·布朗经常表达他对超现实主义艺术手法的认同：

>（我）深受超现实主义艺术家的影响，尤其是勒内·马格利特……他也沉醉于画这样的物体：一部分是这种东西，另一部分是那种东西。马格利特的瓶子也是胡萝卜，靴子有脚指头……这些画面很奇怪，但因为马格利特用不动声色的笔调画出来，它们便有了某种若无其事的神态，反映了我们在做梦时，对那些不可能的事情坦然接受的特别状态。

从某种程度上来说，超现实主义绘画是在极其真实的现实背景中，嵌入令人难以置信的东西——写实的绘画技巧是其风格的前提，而极具象征意味的变形，是超越现实、传递内心真实的方法。

有趣的是，在成为绘本创作者之前，安东尼·布朗曾作为医学插画绘制者在曼彻斯特皇家医院工作了多年。强大的对物体的写实能力奠定了他超现实主义绘画风格的基础，安东尼·布朗可以用真实、不动声色的笔调打破幻想与现实之间的界限。

在人物周遭的场景中埋入许多耐人寻味的细节，把人物的情绪情感传达给读者，这种与人物情绪相关的"变形"手法几乎被使用在安东尼·布朗的每一本绘本中。特别是在《公园里的声音》这部从四个"声部"讲述同一个故事的杰出作品中，这一手法起到了至关重要的作用。这本书也在1998年为安东尼·布朗赢得了"库特·麦奇勒奖"。

这个故事很简单，描述了四个人一次在公园里的普通散步。但想要描绘出四个人在同一次散步中鲜明的反差，创作者需要埋入大量变化的细节，放大人物的情绪和性格。

神经质的傲慢贵妇人在呼唤她跑去玩耍的孩子时，背景中树木也做出张大嘴呼喊的表情，放大了贵妇人歇斯底里的情绪。

而贵妇人的孩子笼罩在戴着礼帽的母亲的阴影下，拘束、紧绷、不安。他的不安投射到了周遭的世界——在他眼中，云朵、树木、路灯，都是母亲礼帽的形状，压抑至极。

下面这两幅同一个场景的画面更有趣。

在贫穷沮丧的父亲眼中，树木枯槁，铁丝网后是毫无生活气息的压抑居民楼，街头的名画里人物哭丧着脸，圣诞老人举着牌子乞讨，牌子上写着"我要供养妻子和成千上万的孩子"。

而在小女孩的眼中，同样的一处场景，树木挺拔，挂着星星一样的灯光，铁丝网不见了，楼群闪着霓虹，其中有许多爱心的形状，路灯是花苞的形状，圣诞老人在起舞，名画中的人物也在跳着舞。远处的楼顶上，流星划过，大猩猩金刚摆出富有力量的姿势。

这些带着奇异色彩的细节，不会在第一

《公园里的声音》内文。后面的树木都张大了嘴（图源：启发文化）

《公园里的声音》内文。云朵、树木、路灯，都是母亲礼帽的形状（图源：启发文化）

《公园里的声音》内文。沮丧的父亲眼中的世界（图源：启发文化）

《公园里的声音》内文。小女孩眼中的世界（图源：启发文化）

次阅读的时候就被读者悉数发现。这也让读者在每一次阅读时，都会有新的发现——就像我们的梦境，永远充满变化，不会让人厌倦。

除了利用超现实主义艺术手法表达人物情绪，安东尼·布朗还在故事情节推进处加入极具象征意味的美丽隐喻。比如在《魔术师威利》中，没有足球鞋的威利遇到酷似父亲的陌生人的旧糕点厂出现了两次，一次是在初遇获得足球鞋时，另一次是在他已经成为球队队员时。这两个看起来几乎一模一样的写实画面中，有两处动人的细节。

一处是第一次糕点厂阁楼窗户里有一颗天上的星星，威利的梦想还遥不可及。而在第二次威利已经能够如愿踢球时，阁楼里的星星不见了，但天上的星星像雪花一样缓缓落下。另一处是天上的月亮，第一次是满月，是威利心心念念的足球的形状；第二次变成了香蕉弯月，而威利确实再也没有见到过这位陌生人。

而在故事的结尾，当威利不再觉得自己踢足球的高超实力是依靠神奇的球鞋时，星星和月亮再次出现。威利的影子戴着魔术师的帽子，帽子上星星闪闪，而天上的月亮再次满月，上面正是那个像威利父亲一样的陌生人的脸。

实话说，我是在第二遍阅读的时候才发现的糕点厂处两次星星有不同，在第三遍的时候，才发现天上月亮的变化。两次发现，都是"会心一击"，让我在主线故事之外，体会到安东尼的言外之意：成长就是发现星光在自己身上，成为自己的魔法师；还体会到黑猩猩威利心中没有说出口的对足球、对父亲的情感。

这种细节"找一找"游戏在很多绘本中出现，但在安东尼·布朗的故事中，这绝不只是"找一找"的游戏——它是对超现实主义手法的儿童化应用，肉眼难以探见的成长的真实与情感的真实一一显现。

有时，超现实主义手法也可以用来表现更有批判性的严肃主题。在超现实主义作品中，会选取极具象征意义的元素反复出现。《朱家故事》中象征男性懒惰的"猪"元素，《动物园》中不断出现的象征束缚的围栏元素，都是使用这种手法的作品。

在《动物园》中，一家人去动物园参观，随处可见的栏杆明确地表明了动物园所具有的禁闭属性。在此基础上，安东尼·布朗将人与动物在栏杆两侧进行多样的变形——在人群中，有着许多动物样貌的人，穿着西装的猪头男人、猫女、猴子模样的小男孩。禁锢动物的人类本身是否也将自己禁锢在不正常的状态里呢？

在对人进行动物化变形的同时，安东尼·布朗也以栏杆为轴，变换动物与人的视角来加深批判性。他从动物的视角来呈现画面，好像人才是被关在笼子里的。这种对象征元素的应用和巧妙的变换使严肃的主题增加了几分玩味的讽刺态度，精炼的同时极具冲击力，本质上也与超现实主义绘画的用意相通。

安东尼·布朗将超现实主义与儿童绘本叙事的融合使他的作品极具艺术性，但强烈的象征意味对于孩子来说是否太晦涩了呢？许多评论家曾提出这样的质疑。对此，安东尼·布朗表示，不要低估孩子。

他们能够理解非常难懂的概念。许多成年人总是自恃比儿童高明，其实儿童的洞察力远比我们想的要厉害得多，尤其就视觉素材而言。

安东尼这样的信念不仅来自和儿童共读时的观察，还来自儿时的体验。在很小的时候，安东尼·布朗就喜欢和哥哥拿着笔，玩"形状游戏"。在《玩转形状游戏》中，他是这样描述这种游戏的："第一个人画一个抽象的形状，第二个人最好用不同颜色的笔，把它变成某种东西……从本质上说，这个游戏本身是关于创造力的。"

有一幅安东尼·布朗六岁时的画。画面是一双男孩的腿，一旁的文字框里写着："什么在顺着我的腿往上爬？还有，谁在我的袜子里？"画中给了答案：是海盗们！

或许这个发问的不是一个男孩，而是一个巨人，或许他是普通的男孩，而这些海盗，身材小到可以把腿当成柱子攀爬——你看，孩子懂得超越现实的乐趣，也懂得表象之下不断变换的真实。

当这个画画的小男孩长大了，他创造了自己的艺术，也没有忘记孩子们："能一直在孩子的诚实和智慧的影响下工作，真是莫大的荣幸。"

文/周晓曼

写《爷爷的爷爷的爷爷的爷爷》的

长谷川义史

"不要做高高在上的奇怪大人"

长谷川义史（1961—）日本人气绘本作家。代表作品有《爷爷的爷爷的爷爷的爷爷》《我吃拉面的时候》《山田家的气象报告》《雷神来我家》《菠菜在哭》《妈妈的肚脐》等。

　　长谷川义史的画辨识度极高，以画风丑萌著称，深受孩子们喜爱。他的作品都色彩大胆饱满，天马行空，视角独特，脑洞大开，如孩童般肆意，有很强的视觉冲击力。

长谷川义史生于1961年，是日本插画家和绘本作家。他起初是平面设计师，2000年出版处女作《爷爷的爷爷的爷爷的爷爷》，得到许多人的喜爱，他也因此被称为日本绘本界的"革新者"，此后他转型为图画书创作者。

　　长谷川义史是一位高产的作家，其作品高达一百六十多部，有自写自画的，也有为其他文字作者搭配插画的。他创作的题材大多来自日常生活琐事，有不少是他自己的故事，还有很多与食物有关。

　　他的个人风格非常明显，角色造型多以拟人化呈现，图文的巧妙结合与幽默化的故事情节极易拉近图书与孩子的距离，因此多次获得日本的各种绘本大奖。尽管擅长轻松幽默的创作，但长谷川义史也会在绘本里展现战争带来的伤害，在故事结尾处留给读者更多的想象与反思。

　　他还在日本各地开发"绘本现场"，一边阅读自己的绘本，一边即兴创作。他还有"一见山水就记住所有颜色"的特长，经常在户外示范着以素描为基础的绘画和绘本制作。

　　我们来看看长谷川义史具有代表性的绘本，以及他的创作理念。

01 以"搞笑"著称的日本绘本界的"革新者"

如果在日本的街头遇见长谷川义史，你可能会以为他是一位搞笑艺人：戴着圆顶帽、圆框眼镜，蓄着滑稽的小胡髭，兴高采烈地讲着什么，甚至还会拿起尤克里里弹唱几句……

其实，这是长谷川义史自创的"绘本Live"的现场，他和读者们面对面，为他们读绘本，讲自己新写的小故事，让气氛像音乐节一样热闹。当他引得人们哈哈大笑时，还不忘来一句："我是绘本作家，可不是搞笑艺人哦！"

长谷川义史的画风有田岛征三的稚拙，笔下的人物几乎都顶着不成比例的大脑袋，就像一个个红番薯，人物的五官看似随意摆放，表情传达的情绪却很精准。那些不讲究透视的场景，让人物看起来都东倒西歪，但是画面动感十足。

长谷川义史的故事有五味太郎的幽默感，有时也带点儿荒井良二的无厘头。和前辈们不同的是，他讲故事的方式更生活化，更写实，读他的绘本就像看一幕儿童短剧，表演的是孩子的天真无邪和充满奇思妙想的日常，他的字里行间都带着孩子的活力。

比如他的处女作《爷爷的爷爷的爷爷的爷爷》，这个故事就是从孩子一个小小的问题延伸而来的，爸爸的爸爸是爷爷，那爷爷的爸爸是什么样的呢？太爷爷的爸爸又是什么样的呢？孩子天生就爱刨根问底，这种可以无限循环下去的问题总会让他们乐此不疲。凭着好奇心，孩子见到了生活在不同时代的爷爷"N 次放"。

画面里爷爷们的穿着和场景也很考究，就是那个时代的社会风俗写照，比如梳着丁髻、穿着和服、踩着木屐的爷爷是江户时期常见的武士打扮，他手里端着的那碗荞麦面也是当时的常见美食。

在重复了无数个"太太太"之后，孩子见到了生活在原始时期的爷爷，时光倒流的终点在哪里呢？太太太（此处省略无数个"太"）爷爷到底是什么样的呢？一翻页，国家的历史变成了人类进化长河中的几个瞬间，小朋友已经穿越到万年以前的远古时期，那时我们的太太太太（此处省略无数个"太"）爷爷还是一只猴子呢。

《爷爷的爷爷的爷爷的爷爷》的版面设计也别出心裁。文字和图画成了一首独特的变奏曲。那个不断重复的"太"让抽象又漫长的时间变具象了。满页文字带来的震撼与冲击，也是对奇妙的历史变迁和生命进化的由衷感叹。

爷爷的爷爷长什么样？这是长谷川义史从小就好奇的问题。即使成了大人，变成了一名设计师，整日与甲方的需求为伴，长谷川义史还是想要创造一些属于自己的东西，回答一些小时候好奇却没有答案的问题。

长谷川义史决定成为绘本作家，他只用了一个月就完成了初稿，他的创意得到了编辑的肯定，但是当被告知画得还不够好时，长谷川义史反而松了一口气。他反反复复地修改，研究翻页的节奏和画面中的场景，三年后，他终于打磨出了自己的第一部作品，正式成为一名绘本作家。

从《爷爷的爷爷的爷爷的爷爷》开始，长谷川义史的风格就很明确，他说自己很喜欢逗乐别人的感觉，幽默搞笑的绘本风格也就成了长谷川义史的个人名片。

2005年出版的《山田家的气象报告》，在画面上采用了和《爷爷的爷爷的爷爷的爷爷》类似的版面设计，左页是有模有样的天气实况播报，右页的画面又让人会心一笑。

原来书里的每个人都自带晴雨表，普普通通的一天集齐了各种气象：尿床了就是淹大水，生气了就是打雷，米店老板抱着米袋"咚咚咚"跑过来就像地震了，隔壁的阿姨带来的消息像龙卷风一样搅得人心惶惶，中午吃春雨细面，下午吃雪饼和刨冰，晚上

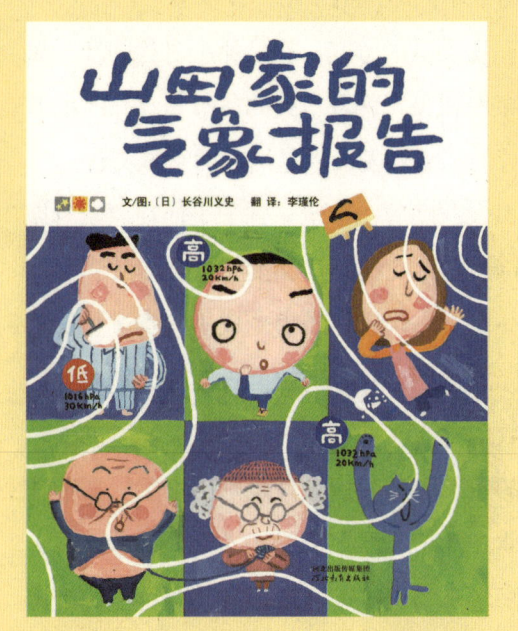

《山田家的气象报告》，[日] 长谷川义史著，李瑾伦译，启发文化出品，河北教育出版社，2014年3月

《山田家的气象报告》插图（图源：启发文化）

泡个雾气腾腾的热水澡……文字和图画唱双簧，让平凡的一天也跌宕起伏、趣味横生。

长谷川义史还在书里设计了不少小细节，最明显的就是左下角的小画面。一大早就外出工作的爸爸也在公司里经历狂风暴雨、雨过天晴，还总是和家里的气象反着来，一松一弛，画面变得更加丰富。最后是一家人围坐在一起，感叹着："虽然今天发生了很多事，但明天仍然会是个晴天吧。"读者看到这里也跟着松了一口气，突然开始期待明天，期待一个平凡、普通的好天气。

02
应孩子之邀写下的畅销书

长谷川义史喜欢去线下读书会给孩子们读一些自己新写的小故事。读的时候，他会像"厨师一样观察他们的表情"。当看到孩子们听得入迷、捧腹大笑的时候，他就像做出了一道美味佳肴似的心满意足。

长谷川义史大受欢迎的"没关系，没关系"系列绘本的第一本，就是在一场故事会上，应一位小朋友的要求而创作的。那一次，长谷川义史给孩子们念了一个肚脐眼被偷走的小故事。这个小短篇原本发表在杂志上，没想到孩子们很喜欢，还总要求他一遍遍地讲。后来，有一位小朋友直接走到长谷川义史面前，一本正经地告诉他："我要你把这个故事写成绘本，这样我就可以天天在家读到它了。"

多亏了这位有远见的小朋友，"没关系，没关系"系列的第一个故事《雷神来我家》就这样诞生了。

故事的主角是一对爷孙，他俩总能遇到些志怪小说里才会发生的事，而爷爷无论遇到什么事，总是笑呵呵地说："没关系，没关系。"就连轰隆隆一阵雷声过后，家里突然冒出了雷神父子，

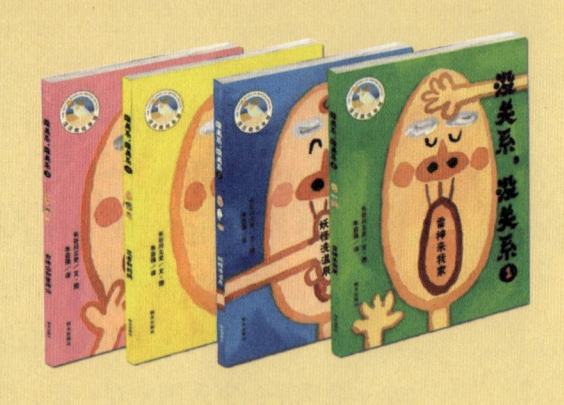

"没关系，没关系"系列（套装4册），
［日］长谷川义史著，朱自强译，明天出版社，
2017年12月

他也不害怕，热情地邀请对方坐下吃饭，泡温泉，还非要给人家搓背，把两位不速之客弄得都不好意思了。雷神父子红着脸，匆匆离开，还把偷走的肚脐眼还了回来（在日本有个说法，雷神喜欢收集肚脐眼，所以打雷的时候一定要盖好肚子）。可是，小孙子一高兴，不小心把爷爷的肚脐眼贴到了爷爷的脑门上，即使是这样，脑门上贴着肚脐眼的爷爷还是笑呵呵地说："没关系，没关系。"

"没关系，没关系"系列另三个故事，分别是《妖怪洗温泉》《穷神仙和富神仙》《忍者和妈妈》。和《雷神来我家》一样，故事里的人物形象也取材于日本的民间传说，荒诞不经又趣味十足。

喜欢说"没关系，没关系"的爷爷依然热情好客，他会陪幽怨的鬼怪喝烧酒，拉家常，对着鬼怪感叹："你生前也吃过不少苦呀！"他平等待人，面对人人避之不及的穷神仙，他也会认真招待，即使穷神仙上门带来了霉运，他也毫不在意；他还会收留技术堪忧的忍者，耐心地陪着他练习一些无厘头的忍术。

故事里的爷爷是长谷川义史最喜欢的绘本人物，他符合亚洲人心中慈祥、乐观、豁达的理想的长辈形象。谁不希望在低谷时，有

《雷神来我家》插图
（图源：明天出版社）

这样一位长辈拍着你的肩膀说"没关系,没关系"呢?或许因为这个原因,"没关系,没关系"系列也成了长谷川义史最畅销的绘本。

03 成为三个孩子的爸爸以后

在长谷川义史的作品中,家人总是很重要的角色。长谷川义史六七岁,刚上一年级的时候,爸爸突然生病去世了。在天真懵懂的年纪,他失去了爸爸,妈妈只能踩着缝纫机做裁缝养家糊口。虽然没有一个完整的家庭,长谷川义史的童年和其他孩子的童年也没有什么不同。他玩棒球,写作业,有自己的秘密基地,还会在日历的背面画奥特曼大战怪兽。因为喜欢又擅长画画,在妈妈和姐姐的鼓励下,长谷川义史就这样画了下去。

长大后,他如愿成了一名绘本作家,还是三个孩子的爸爸。这种人生角色的转变让长谷川义史想起了自己的父亲。一位父亲不能看着自己的孩子长大成人,这是一件多么遗憾和难过的事情。因为爸爸离开得太早太突然,长谷川义史关于爸爸的很多记忆都是模糊的,而爸爸的朋友也都一个一个地离开这个世界,妈妈的记忆力也开始衰退。当认识爸爸的人都不在了的时候,他该如何怀念爸爸呢?想到这里,长谷川义史决定用自己的方式留下爸爸。

这就是《爸爸,我想你了》的创作背景,书里的内容和书名一样直白,都是长谷川义史的真情流露。这是一封迟到的书信,长谷川义史在书里变回了儿时的自己，那时的他还不懂得爸爸的离开代表着什么，如今已为人父的他想再次回到那一刻，在纸上写下："天国的爸爸，你还好吗？"

他从模糊的记忆里拼凑和想象出爸爸和他玩耍、批评他、安慰他的每一刻，仿佛爸爸并没有缺席自己的成长。当读者被这些熟悉的日常细节打动时，长谷川义史又在不经意间写道："不久前，我曾动了偷东西的念头。后来，还是没有那么做。我不想做了坏事后下地狱，那样，我就见不到爸爸了。"父子温情和天人两隔的思念交织，让人感动又失落。

除了《爸爸，我想你了》，长谷川义史也为做裁缝的妈妈创作了绘本，他将这些自传类的绘本当作自己人生中必须要完成的作品。创作这些属于他的"私绘本"时，他更多地用成年人的眼光向后回顾。

他发现面对还远不能感受到死亡意味着什么的孩子，大人对孩子的依恋更深厚。他们会更担心自己有一天离开了，孩子将如何应对。他想在书里表达的是别离总会发生，就算是死亡来临的那一天，我们的生命也会在我们所爱的人的身上延续下去，而离去的人也不会被爱遗忘，死亡从来不是生命的终点。

作为父亲，长谷川义史见证了三次分娩，看到小婴儿皱巴巴的脸蛋，听到他们的第一声啼哭，这种感觉很奇妙。当他们还在妈妈的肚子里时，是不是就已经在偷偷地观察这个世界了呢？他们会听到什么？看到什么？感受到什么？

于是，长谷川义史创作了《妈妈的肚脐》。在书里，妈妈的肚脐成了即将出生的小婴儿观察这个世界的窥镜。他新奇地看姐姐浇花，听爸爸弹琴，闻妈妈做的饭菜香，所有人都期待着他的到来。在夜深人静的时候，他用大家听不到的声音说："明天我就出生啦！"

长谷川义史既是向天国的爸爸写信的小男孩，也是等待新生命降临的父亲，两种截然不同的身份让长谷川义史更加珍视生命。"活着是一件很幸运的事。"抱着这样的想法，不同的生命际遇在长谷川义史的笔下总呈现出同样的生命力，积极向上，满怀期待。

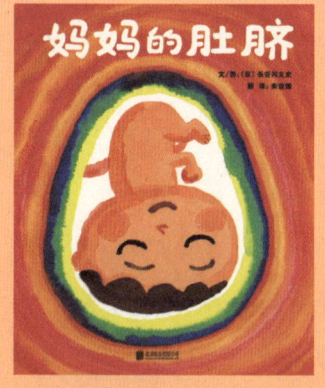

《妈妈的肚脐》，[日]长谷川义史著，朱自强译，启发文化出品，北京联合出版公司，2015年9月

04

讲讲教科书里回避的那些事

长谷川义史不只擅长搞笑，他也写过不少严肃、深刻的主题。教科书里回避的事，他会用绘本的方式讲给孩子听。日本福岛核泄漏事故发生后，长谷川义史和作家镰田实一起创作了《菠菜在哭》，从无法为自己发声的动植物的视角看核污染造成的灾难。

长谷川义史也写过反战题材的绘本《我吃拉面的时候》，他从孩子熟悉的日常生活开始，把同一时刻世界上不同地方的孩子们的生活串

《妈妈的肚脐》插图（图源：启发文化）

联起来。《我吃拉面的时候》读起来像一首短短的小诗，前后文字首尾相接，韵律感很强，在翻页间不断地制造未知。起初，会让人以为这又是长谷川义史拿手的文字游戏：

我吃拉面的时候，米奇在隔壁打了一个哈欠。

米奇在隔壁打了一个哈欠的时候……

隔壁的小美换了一个频道，隔壁的小美换了一个频道的时候……

随着文字的展开，我们的视线也不断远眺，从隔壁的房间再到隔壁的小镇，再到隔壁的国家，直到世界另一边的国家，空间越来越宽广，遥远的距离却被拉近了。身处温馨的家庭、热闹的社区、发达的国家的孩子，在吃拉面、打棒球、拉小提琴的时候，也许很难理解另一个世界，那里的孩子在照顾弟弟妹妹，在放牛，在卖面包……

翻页的时候，我们仿佛拿着摄影机，充满好奇地打量这个世界，

《菠菜在哭》插图（图源：启发文化）

镜头拍下一帧帧幸福的场景。可是，当我们看到贫穷、饥饿和战争环绕着孩子时，欢乐悠扬的曲调早已消失不见，他们懵懂地看向画面外的我们，平行时空的交错带来了深深的震撼。

  隔壁国家的隔壁国家的男孩在牵牛，隔壁国家的隔壁国家的男孩在牵牛的时候……
  另一边国家的女孩在卖面包，另一边国家的女孩在卖面包的时候……
  在大山另一边的国家里，一个男孩倒了下去。
  风在吹，风在吹。就在这个时候，
  风吹了过来。

风在吹，风在吹。一个长镜头定格在这里，赤红的沙土飞扬，男孩小小的身躯躺在那里，悲凉的情绪达到顶点；翻过一页，风吹了过来，路过另个世界的风在小男孩吃拉面时，轻轻地掀开绿色的窗帘吹了进来。

当孩子从电视上看到世界的某个地方正经历战争、饥饿、自然灾难时，面对远处的哭声，我们能和孩子聊些什么？也许不用解释什么，和他一起坐下来读一读《当我吃拉面的时候》就是最好的沟通。让他知道吹过快乐、美好与自由的风也曾吹过眼泪、悲伤与苦难；让他的心学会感受风，那阵从远方吹来的风。

长谷川义史在采访中说过自己创作《菠菜在哭》《我在吃拉面的时候》的初衷，他认为这些主题其实都很重要，只是日本的学校很少告诉孩子关于战争或是二战的历史。很多人因此失去生命，教科书却避而不谈。他说："我想用绘本谈战争，谈和平，不是为了'教'，而是想创造一个大家一起思考、觉察的机会，让我们和孩子一起开始想这些事吧！"

除了绘本作家的这个身份，长谷川义史还翻译了不少绘本，比如以黑色幽默著称的乔恩·克拉森的"帽子系列"，擅长勾勒温馨的家庭生活的白希娜的《糖球》。这些作者的绘本里有着长谷川义史最重视的特质，也和他的风格有异曲同工之妙。

无论是搞笑、温馨还是严肃的绘本主题，长谷川义史总能找到自己的平衡点，游刃有余，毫不费力。他不想做高高在上的大人，俯身教孩子些什么；他不想成为孩子眼中的奇怪大人，说些孩子听不懂的大道理；他更不想让自己的绘本成为教养的工具，让快乐变得索然无味。"一直想着阅读要有目的的大人太奇怪了，别让绘本被孩子讨厌啊！"发出这样的感叹的长谷川义史守护着他那份将有趣的世界呈现给孩子的初心，用幽默乐观的生活态度挖掘每个平凡日子里值得感激和纪念的时刻。

文/王铭博

写《别让鸽子开巴士!》的

莫·威廉斯

用脱口秀的幽默赋予孩子生活中最稀缺的体验

莫·威廉斯（Mo Willems，1968—），荷兰裔美国人，绘本作家，创作了"鸽子"系列和"古纳什小兔"系列绘本等。其处女作《别让格子开巴士！》一经发表就荣获"凯迪克奖"，被《纽约时报》誉为"21世纪最突出的新锐作家"。莫·威廉斯的作品采用空白的故事背景和简单的线条，却创造了一系列令人捧腹大笑又不失温情的故事。

《别让鸽子开巴士！》在中国童书市场常被放进经典童书之列，其作者莫·威廉斯（Mo Willems）也依然活跃在童书一线，喜欢并擅长与读者对话。不仅如此，他还在音乐剧领域取得了广泛认可。2020年，当疫情在全球蔓延，居家的莫·威廉斯录制了一系列视频节目，带着全世界的大人与孩子即兴画画。

与大多数绘本作家的经历不同，莫·威廉斯在进行绘本创作之前做过脱口秀演员，还曾为知名儿童电视节目《芝麻街》写剧本，创作卡通形象。1993年到2002年间多次获得"艾美奖"（Emmy Awards）。这些经历为他此后创作站在儿童立场、积极与儿童对话的绘本打下了基础。2003年以来，他创作了多本图画书，最知名的便是"鸽子"系列和"古纳什小兔"系列，其后还延伸出动画短片和音乐剧，他的其他形式的艺术作品也在多家画廊和博物馆展出。

尽管幽默是他的作品最亮的底色，但他有一个不那么快乐的童年，所以他的绘本绝不刻意美化儿童的处境。他也不喜欢给小读者绝对答案，他说，"如果你写了一本有答案的书，它就被毁了，因为你只是在写一本说明书。"

让我们来回顾一下出手即拿下"凯迪克奖"的脱口秀演员莫·威廉斯的绘本作品和他的创作理念。

01
赋予孩子们在生活中最稀缺的体验

2003年，三十五岁的莫·威廉斯出版了他的绘本处女作《别让鸽子开巴士！》（*Don't Let the Pigeon Drive the Bus!*），一举获得2004年的"凯迪克奖"银奖。

鸽子的故事并不复杂。鸽子想要开巴士，巴士司机在离开之前叮嘱了在阅读这本书的读者：千万别让鸽子开巴士。鸽子使出浑身解数想要说服读者让他开巴士：又是做出"会小心"的承诺，又是自暴自弃企图博得同情，又是尝试"给五块钱"来贿赂，甚至发脾气大暴走。而最后，巴士司机回来了，鸽子在读者的参与中没有开成巴士，但他很快开心起来，因为他看见了一辆红色的大卡车。

莫·威廉斯是个狡黠的家伙，他在故事的一开始，就把你拉进了他的故事，成为其重要的部分——你要对鸽子说"不"。对于一个孩子来说，这是多么解压的机会啊！

莫·威廉斯的鸽子系列故事赋予了孩子们在生活中最稀缺的体验——权力感。

《别让鸽子开巴士！》是"鸽子"系列的第一本，最新的一本《别让鸽子撬雪橇！》于2023年出版。爱心树童书已引进其中六本，分别是《别让鸽子开巴士！》《鸽子捡到一个热狗！》《别让鸽子太晚睡！》《鸽子想要小狗狗！》《鸽子需要洗个澡！》《鸭子弄到一块饼干！？》

想象一下，四五岁的孩子整天在被大人拒绝：不能再听一个故事，马上就要睡觉了；不能再吃糖了；不能再看电视了……在异想天开又分外执着的鸽子面前，他们终于像玩角色扮演一样成为管理者，一边为鸽子滑稽的动作表情大笑，一边每翻一页都大声说"不"——没有孩子不喜欢这样的游戏。

而对于莫·威廉斯来说，鸽子这个角色的迷人之处还在于，鸽子像孩子一样提出一些看起来荒诞，却值得认真对待的、核心且基本的哲学问题——"什么是爱？""为什么事情是这样的？""为什么我无法获得我想要的东西？""为什么我不能开巴士？"他曾在采访中半开玩笑地说，鸽子的问题是"古希腊式"的，近似于索福克勒斯在《俄狄浦斯王》中对命运公正性的质疑。

显然，莫·威廉斯的《别让鸽子开巴士！》与过

《鸽子需要洗个澡!》封面,〔美〕莫·威廉斯著,阿甲译,爱心树童书出品,新星出版社,2021年2月

往几乎所有的绘本都不同。在当时的出版界,大家熟悉的绘本是电影式的,主角所在的世界不会与读者的世界交互,是一个完整独立的世界,并在其中做出许多行动,推进故事发展。比如在《野兽国》中,小男孩从他的房间到了野兽的国度,那里有树林,有月亮,小男孩乘船,在树上荡秋千,而且最重要的是,他从来没有看向读者,对读者说话。

而在《别让鸽子开巴士!》中,鸽子一直在对着读者讲啊讲,它并没有真的做什么,只是一直在展示它的幽默、愤怒、讨价还价。整本绘本有大量的留白,几乎没有背景,全部笔墨都集中在鸽子身上,并用传统漫画中巨大的文字泡泡突出鸽子讲出的每一句话。

这种全新的叙述模式正来自莫·威廉斯过往的创作领域。不论是用语言来表演的脱口秀,还是《芝麻街》中以夸张的语言和动作和简单的道具来讲故事的木偶剧,其主角都是面向观众,并经常与

《鸽子想要小狗狗！》封面，［美］莫·威廉斯著，阿甲译，爱心树童书出品，新星出版社，2021年3月

观众互动的。

虽然在出版后立刻获得了"凯迪克奖"，莫·威廉斯的处女作还是经历了两年的碰壁。编辑们一次又一次认可《别让鸽子开巴士！》的创意，觉得这是本不寻常的作品，却又纷纷撰写拒绝出版的信。其中有这样那样的质疑："我们有一个了不起的角色，但他除了说笑话之外还做了什么？""我真的想看到那只鸽子开巴士。"最后终于有一位编辑愿意试一试。事实证明，尝试是值得的。

许多人都好奇莫·威廉斯是如何想到绝妙的点子，能凭处女作就获得成功的。当被问到这个问题，莫·威廉斯答道：

> 我从脱口秀开始，做电视工作，写了很多脚本，并时常在舞台上表演。我把作家或幽默家想象成一个运动员——坚持练习找出什么是不好笑的，并避免这样做。经过长期的练习，我

已经知道什么不好笑，并相信剩下的那些能逗人开怀。

显然，这些练习是有效的，他的搞笑功力让他大获成功，并持续创作，乐在其中。但我们都清楚，成功喜剧的背后，是驱散不开的悲伤。

02 选择自己的立场——不美化儿童的处境

1968 年 2 月，莫·威廉斯出生在美国新奥尔良，是家中的独子，父母移民自荷兰。威廉斯的爸爸是一位在家工作的陶艺师，妈妈是企业律师，并且是荷兰驻美国大使馆名誉领事。

莫·威廉斯在三四岁的时候就喜欢自己创造角色，编故事讲给别人听。长大一些，他失望于大人们礼貌性的表扬，索性写起搞笑故事。因为他相信——人们没法假装大笑。他要确认自己创作的故事是真的好，而且越来越好。

在讲故事的时候，小威廉斯也会借用《花生漫画》（美国漫画家查尔斯·舒尔茨自 20 世纪 50 年代起连载的漫画作品，从孩子的视角观察这个简单又复杂的世界）里的角色，像圆头小子查理·布朗、无所不能的小狗史努比和抱着毯子的莱纳斯。他太喜欢《花生漫画》了，甚至在五岁的时候写信给其创作者舒尔茨，问："你要是去世了，我可以接着画《花生漫画》吗？"当然，舒尔茨没有回信。

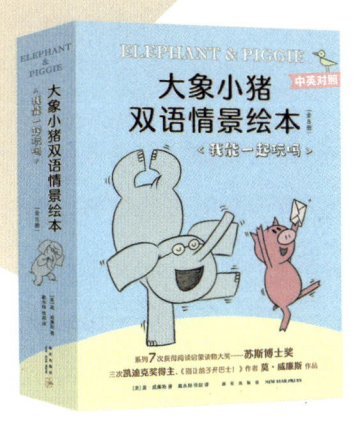

"大象小猪"系列,《我能一起玩吗?》(全8册),爱心树童书已引进

莫·威廉斯曾坦言:"我的基本感觉是,童年很糟糕,我不喜欢我的童年。"

在学校,他曾被霸凌,霸凌他的男孩要求莫·威廉斯每天给自己画一则漫画,如果当日的漫画逗笑了他,小威廉斯就可以过一天好日子。而在美术课堂上,小威廉斯创作的漫画被老师撕毁。

糟糕的童年体验让威廉斯选择了自己的立场——不美化儿童的处境,并站在他们那一边:

我真诚地相信,童年是一个天然的困难时期。就算是美好的童年也很艰难。想象一下,你是新来的,家具比你大那么多,你没有自己生活的选择权。如果你是个成年人,你早上喝咖啡时可以选择任何一个你喜欢的杯子。而当你是个孩子,每天早晨你都要被一个比你大三倍的人强迫用一个你可能讨厌的杯子喝东西。这将是非常令人沮丧的，对吧？如果你的生活充斥着这样的事情，你当然需要经常小睡！

儿时的威廉斯正是从《花生漫画》中获得的安慰。在《花生漫画》中，除了人尽皆知的小猎犬史努比，还有一个每天给史努比准备狗粮，放风筝永远挂在树上，打棒球永远得不到分，连万圣节出去要糖果都只能收到石头的普通男孩查理·布朗。长大后，莫·威廉斯说他儿时总会想："至少查理·布朗还是比我惨一点。"

回忆起儿时读《花生漫画》和苏斯博士绘本的体验，莫·威廉斯想创作出能让孩子开始独自阅读的绘本，因为他觉得"自己阅读是你第一次不需要父母来做一些重要的事情。这是一种解放"。

2007年，他创作的"大象小猪"系列绘本正是他为孩子早期独立阅读创作的读物。该系列以谨慎又悲观的大象和开心元气满满的小猪为主角，讲述一系列发生在朋友之间幽默、充满转折又温情的故事。和威廉斯构想的一样，"大象小猪"系列迅速成为许多孩子独立阅读的第一本书。

在该系列推出后的第二年，单册《你头上有只鸟》获得"苏斯博士奖"（Theodor Seuss Geisel Award）。故事很简单，小猪和小象在睡觉，一只鸟落到小象头上，小象问小猪自己头上的情况，结果他的头上不仅有一只鸟，还渐渐开始有了另一只鸟、鸟巢、鸟蛋、三只雏鸟……小象气坏了，小猪说：你问问它们可不可以搬走呀。小象问了，小鸟一家居然欣然搬走了！搬到了小猪头顶。

全书延续了《别让鸽子开巴士！》的大量留白、突出主角，强调动作和简单语言的风格，但全书近60页的体量显然不再是普通

"大象小猪"系列,《吓你一大跳》(全9册),爱心树童书已引进

绘本,而是近似于桥梁书的形式。

这样的创作并不简单,"写这样的故事很有挑战性,我的目标是故事要有趣,但全书只能使用四十到五十个词汇。必须短小精悍,立即引人入胜,还不能依靠打油诗。这就是为什么我说早期读物很难写。因为这些故事不是用来读一次的,而是用来读一千次的。"威廉斯说。

和儿时一样,莫·威廉斯总是给自己设置极高的标准。这样的高标准可能在创作中会带来更多挫败和沮丧,但也能让他有所成就。"大象小猪"系列中,已有七个故事获得了"苏斯博士奖"。

现如今,那个一遍一遍读《花生漫画》、想成为舒尔茨接班人的小男孩,在长大后成了舒尔茨家人的朋友。他得到了一个舒尔茨生前用过的笔尖,莫·威廉斯用那个笔尖创作了自己的故事。

03
拥抱一只古纳什小兔

在开始创作绘本的第二年，莫·威廉斯基于自己的家庭生活创作了《古纳什小兔》（*Knuffle Bunny: A Cautionary Tale*）。和《别让鸽子开巴士！》一样，《古纳什小兔》为莫·威廉斯赢得了2005年"凯迪克奖"银奖。

《古纳什小兔》的获奖让威廉斯对绘本创作更有信心了，他辞掉了电视方面的工作。莫·威廉斯谈起过这段时间的趣事：

> 我告诉我的老板："嘿，我获得了凯迪克荣誉奖！"他回答："很棒。10分钟后开故事会议。"不过，运气真是不可思议，第二年，我又获得了凯迪克荣誉奖。于是我说，"嘿，老板，我又拿到了凯迪克荣誉奖。我辞职不干了！"

"古纳什小兔"系列是从莫·威廉斯生活中生长出来的故事。有读者问他《古纳什小兔》是不是真事，莫·威廉斯回答道："除了真实的那部分，其他的都是我杜撰的。"堪称纯正的废话文学。

"古纳什"在荷兰语里是"拥抱"的意思，古纳什小兔是一只被小女孩翠西从咿呀学语时起就抱在怀里的小兔子。系列第一册的故事同样非常简单：小女孩翠西带着古纳什小兔和爸爸一起去洗衣店，翠西一路上玩得可开心了，到了洗衣店还把要洗的衣服也玩了一通。在回来的路上，翠西突然开始耍脾气，咿咿呀呀地说好多话，爸爸费好大劲把她带回家，妈妈一开门就问："古纳什小兔呢？"一家人赶紧跑回洗衣店，从洗衣机里掏出古纳什小兔，翠西把小兔抱在怀里，说出了她人生的第一个词：古纳什小兔。

这样的小兔丢失的故事在该系列接下来的两本中接连发生，小兔要么被学校里的同学拿错，要么被落在飞往荷兰的飞机上，而小女孩翠西也在家人的陪伴中有了令人感叹的成长。对了，莫·威廉斯有个独生女，她的名字就叫翠西。

莫·威廉斯拥有一位智慧的伴侣和一个幸福的家庭。2022 年 9 月 27 日，是威廉斯和妻子雪儿·威廉斯结婚二十五周年纪念日。他在社交媒体上发帖庆祝，配文饱含对妻子的感谢与赞美："你是我生活和工作中快乐的伴侣，是有天赋的陶艺家和孩子的妈妈。"

莫·威廉斯曾说，他更像悲观、容易沮丧的小象；好在他的家人们都像快乐的小猪陪在他身边。

"古纳什小兔"系列已由爱心树童书引进

在"古纳什小兔"系列中，最动人的是父母对孩子竭尽全力地理解和支持。每一次古纳什小兔丢了，对全家来说都是天大的事情。故事里的家庭就像一个乌托邦，孩子的感受在这里得到尊重。

在第二册《又来了，古纳什小兔》中，哪怕是凌晨两点半，爸爸也会胡子拉碴地带着翠西去广场和同学交换拿错了的古纳什小兔。当然，爸爸有一丝犹豫和疲惫，毕竟已经凌晨两点半，不过妈妈立刻瞪了他一眼，父女俩就出门了。最后小兔当然还是失而复得，翠西也在学校有了一个好朋友。

第一次读完，我感到很幸福。如此简单的故事带来如此强烈的幸福感，让人不禁细想缘由。后来我明白，莫·威廉斯让读者在绘本中感受到了来自家人竭尽全力的支持与爱意。哪怕只是一只用来拥抱的玩具兔子，翠西觉得重要，全家人就都觉得重要。其中到底有多少理想主义的成分呢？毕竟，疲惫的大人很难有余力如此尊重孩子的感受吧！

莫·威廉斯曾谈到，他并不是创作"孩子们想要的东西"，他创作孩子们"还不知道自己想要"的东西。这或许解释了"古纳什小兔"系列带给人的冲击与感动——我们确实应该为了我们理想中的爱，甚至比我们理想中还要好的爱，付出许多许多关心和感同身受的尝试、耐心，以及持久的努力。

《再见了，古纳什小兔》是系列的最后一册。在这一册，翠西长大了，她和爸爸妈妈坐飞机去荷兰看望爷爷奶奶，却把古纳什小兔忘在了飞机上。经过一系列魂不守舍的游荡和家人竭尽全力的弥补，翠西接受了小兔不见的事实——孩子确实长大了！而巧合的是，她在回程的座位上找到了古纳什小兔，她选择把小兔送给坐飞机哭闹的小婴儿……

在系列的结尾，莫·威廉斯带着淡淡忧伤，接受了翠西已经不再是依赖父母的小孩子这一现实。他深情地畅想翠西成年后的生活：恋爱，结婚，有自己的孩子……威廉斯希望到时候她能重新收到古纳什小兔，因为对于作为父亲的威廉斯来说，翠西永远是他的小女孩。

现在，特里克斯·威廉斯（翠西）作为一名跨性别者，成了一名男性。对此，莫·威廉斯欣然接受，当被问到关于自己儿子的问题时，他这样答道：

"我的孩子经历了艰难的时期，他花了很久才意识到自己是跨性别者……我想我从特里克斯那里学到的更多的是提出问题，而不是觉得自己已有答案。他必须思考：我是谁？我在社会中处于什么位置？我要做真实的自己需要承担什么样的风险？我愿意承担这样的风险吗？"

或许"古纳什小兔"里面家人之间的支持、理解与爱真的存在。要拥抱彼此，肯定没有看上去那么容易，但值得为之努力。

04
一本好书是一个问题，而不是一个答案

莫·威廉斯有一个黑色的笔记本，里面都是他的涂鸦、故事分镜和人物角色设计。他喜欢一个人待在阁楼工作室，和这些本子里

的人物玩耍，让它们在纸上和他的头脑中生长。

莫·威廉斯喜欢把自己创作的故事比喻成植物，他随时随地在本子或者午餐纸上涂鸦，就像园丁在自己的苗圃里播种。有些种子长成了一本书，有些甚至都没有破土而出。

他从来不缺灵感的种子，在创作上也非常勤奋。"鸽子"系列已经出版十一本，最新一本在2022年面向读者，叫 *The Pigeon Will Ride the Rollercoaster!*（《鸽子要开过山车！》）。而"大象小猪"系列已出版了三十四本，2022年新出版的一册叫 *It's a Sign!*（《这是一个标志！》）。

他还有其他数不清的绘本。除了让孩子熟悉abc、学会独立上厕所等实用性的绘本，他还创作有趣又引人深思的故事，主角们千奇百怪。比如，想穿衣服的裸鼠，想吃金发小姑娘的恐龙一家三口，还有喜欢烤饼干发给大家的恐龙小姐。

《恐龙小姐不知道她已经灭绝了》是除了"鸽子"系列、"大象小猪"系列和"古纳什小兔"系列外，我最喜欢的一本莫·威廉斯的作品。故事依旧很简单：小镇上有一位热心的恐龙小姐，总帮大家的忙，还给大家烤饼干，小镇上的人都喜欢她。只有一个男孩雷纳德除外，不过他不是因为不喜欢恐龙小姐，而是因为他是个纯正的理论派——科学证明，恐龙早就灭绝了。

他又是演说又是抗议，还想尽办法吸引大家注意，可谁都不买账，因为恐龙小姐就真真切切存在于大家生活里。男孩很沮丧，恐龙小姐来听他讲他的理论，从来没有人这么认真地倾听过他！等他讲完自己的科学理论，恐龙小姐吓坏了，她确实从科学上来说早就不存在了。

可是她毫不在乎，破墙而出。然后，男孩雷纳德也不在乎了。

这本绘本涉及重要的甚至可以说富有哲学性的问题：理论、思辨这些抽象事物与现实之间孰轻孰重。莫·威廉斯没有给出答案，或许他两边都喜欢，因为他刻画的男孩认真、倔强得可爱，恐龙小姐的善意与潇洒也总令人宽慰。

对莫·威廉斯来说，"一本好书是一个问题，而不是一个答案"。他擅长提出基本的问题：什么是友谊？孩子是在什么样的瞬间成长的？你如何和某人直言你对他们有小小的不满？为什么我不能开公共汽车？……

如果你写了一本有答案的书，它就被毁了，因为你只是在写一本说明书。

不仅是书，人也如此。在莫·威廉斯看来，当一个人处处都在寻找正确答案，那他肯定会害怕犯傻，害怕尴尬，然后，他的整个精神就僵化了。

当被问到"如何让创意打开新世界"时，莫·威廉斯略带调侃地说：

> 创意没有为谁打开新世界。你不知道打开的是什么，创意不是一条从A到B的线，而是一条从A到草莓比萨饼的线。没人知道会发生什么。它是欢快的探索之旅，也是艰苦的工作。

他还以自己的孩子掉牙的趣事举例。当特里克斯掉牙的时候，他没有重复讲述牙仙子的故事，而是假设牙齿有一个期货市场。

特里克斯问："我掉下的牙齿之后会遇到什么？"

威廉斯说："最近很多人会抛售牙齿，所以你的牙齿或许卖不

《恐龙小姐不知道她已经灭绝了》封面，[美]莫·威廉斯著，尧瑶译，爱心树童书出品，北京联合出版公司，2018年2月

上一个最好的价钱。"

莫·威廉斯的每一个故事都是从最简单的事情开始，但他能找到那个让普通的事情开始有价值的火花。很多人把这种才能叫作"魔法"，莫·威廉斯觉得这样说有失偏颇，对他来说，这是大量练习积累出的能力。

2020年，当疫情在全球蔓延，居家的莫·威廉斯录制了一系列叫作 Lunch Doodles（午餐涂鸦）的视频节目，带着全世界的大人与孩子即兴画画。这是一项在威廉斯家里进行了许多年的家庭活动，全家人都乐在其中。

在第一期节目中，莫·威廉斯画了他的鸽子，说，希望小孩子们可以用他创造的简单角色讲述自己的故事。

然后，他又画了许多连在一起的彩色圆圈，郑重地举起来，说："事实上，我们所有人紧密相连。"

我想，他是对的。

后 记

  2021年6月,"写童书的人"专栏开设,第一篇稿件是关于《长袜子皮皮》作者林格伦的。

  在导语中,"新京报小童书"编辑申婵这样写道:"《夏洛的网》《时代广场的蟋蟀》《柳林风声》《野兽国》……这些已经成为经典的儿童文学作品,表达了作者对童年、自然、社会、成长等人生内容的叩问。尽管它们创作的年代不一样,但今天的孩子读起来,仍然会深深地喜欢上它们。是什么样的经历与文化促使作者们写出了这样的故事?又是什么让他们在长大成人后依然对孩童时期保持着敏感?为了更好地理解那些儿童文学作品,我们将陆续推出'写童书的人'专栏文章,为大家讲讲写书的人背后的故事。"

  缘分使然,"写童书的人"专栏第一篇文章《写〈长袜子皮皮〉

的林格伦：用战斗的姿态争取孩子表达的权利》是我写的。彼时，我正在出版社做绘本编辑，觉得生活像北京春天飘来飘去的一团团柳絮，对"童书"和"人生"都充满了困惑——创作中的原创性到底和创作者这个人有什么幽深的关联？一个人到底应该如何度过自己的人生？

我重读了林格伦的作品《长袜子皮皮》《淘气包埃米尔》《吵闹村的孩子》，看遍了能读到的一切关于林格伦的资料，尝试以她的人生为观照，寻得答案。当然，答案是无法被寻得的，但这么难以回答的问题让写书评的过程变得更复杂，也更有趣。

同样，每位为"写童书的人"专栏撰稿的作者，一定都极其欣赏自己所探究的童书大师，也有自己想要探索的问题。不然，大家哪来的动力查阅大量资料，重新阅读作品，梳理逻辑，提炼观点，投入如此多的精力呢？在这个过程中，撰稿人本身也能汲取许多养分。

到2023年初，我已在"写童书的人"专栏发布了六篇稿件，并接手了"新京报小童书"的编辑申婵的工作，成为"新京报书评周刊"童书版块的编辑。在与撰稿作者沟通时，我更确信了这个专栏撰稿者的抱负——撰稿作者李茵豆在交稿时说："我尽量写得非常准确（或者说接近准确）和全面了。"

正如新京报小童书所秉持的——关注极具原创性的优质内容，做童书与图书从业者、家长还有儿童读者之间的桥梁。在"写童书的人"专栏中，我们探讨了童书大师们的儿童观、创作方法、日常中的灵感时刻、在出版领域的合作细节，还有他们所处时代的纷繁变化。或许读者能从中看出创作是如何从具体的人的生活中生长出来，什么样的作品具有不会被时间磨灭的价值，什么样的人能创作出具有永恒价值的作品。

我们精选出 16 篇文章，详细地讲述了 16 位童书大师作品背后的故事。包括儿童文学作者罗尔德·达尔、林格伦、托芙·扬松、安房直子、米切尔·恩德，绘本作者毕翠克丝·波特、谢尔·希尔弗斯坦、嘉贝丽·文生、昆廷·布莱克、安东尼·布朗、莫·威廉斯、长谷川义史、玛丽莲·布鲁克·戈夫斯坦、雷蒙德·布里格斯、让－雅克·桑贝，以及童谣作者新美南吉。

这些童书作者的作品都极具原创性，富有童趣，并被一代代读者反复阅读。阅读这些创作者的故事，不仅为家长提供了一份书单，也让亲子共读时可延伸讲述的故事更多，可挖掘的深意也更多。

更重要的是，看见不同的人生，能让我们的心中有更多的活法，不至于被当下的诸多定义、规则束缚，让心失去活力。

我们相信创作与具体的人密不可分，"人"是根本。同样，我们也期待着中国原创童书领域的发展，希望更多才华横溢的创作者从自己的本性和生活出发，去为儿童创造。

王铭博

图书在版编目（CIP）数据

写童书的人 / 新京报书评周刊主编. -- 北京：北京联合出版公司, 2024.9. -- ISBN 978-7-5596-7573-6
Ⅰ. G236
中国国家版本馆CIP数据核字第20246DT248号

写童书的人

主　　编：新京报书评周刊
出 品 人：赵红仕
责任编辑：李艳芬
内文排版：李尘工作室
封面设计：李尘工作室

北京联合出版公司出版
（北京市西城区德外大街83号楼9层　100088）
北京联合天畅文化传播公司发行
北京美图印务有限公司印刷　新华书店经销
字数170千字　710毫米×1000毫米　1/16　18.25 印张
2024年9月第1版　2024年9月第1次印刷
ISBN 978-7-5596-7573-6
定价：59.80元

版权所有，侵权必究

未经书面许可，不得以任何方式转载、复制、翻印本书部分或全部内容。
本书若有质量问题，请与本公司图书销售中心联系调换。
电话：（010）64258472-800